I0781895

Nicht zu viel nachdenken

Der ultimative Leitfaden, um negative Gedanken zu minimieren, in der Gegenwart zu leben und das emotionale Wohlbefinden zu steigern

Inhaltsverzeichnis

Einleitung

Viele Menschen gehen gerne davon aus, dass sie unfaire externe Rückschläge erleiden und aufgrund äußerer Kräfte, über die sie keine Kontrolle haben, bestimmte Herausforderungen in ihrem Leben nicht bewältigen können. Sie suchen dabei stets nach Umständen oder nach Menschen, denen sie die Schuld für ihre Misserfolge geben können. Derartige externe Einflüsse mögen zwar manchmal eine Rolle spielen, aber in einem entscheidenden Punkt liegen sie meist falsch. Das Problem kommt nämlich nicht von außen, sondern *von innen*.

Der Grund dafür, dass Ihre Misserfolge einen derart großen Einfluss auf Sie haben, sind in der Regel Sie selbst. Genauer genommen, die kleine Stimme in Ihrem Kopf, die Ihnen sagt, dass Ihr nächstes Projekt voraussichtlich scheitern wird. Mit derartigen Unsicherheitsgefühlen hat jeder Mensch zu kämpfen. Dabei sind negative Gedankenmuster mächtig genug, um Ihren Fortschritt im Leben ernsthaft zu beeinträchtigen. In den Köpfen mancher Menschen ist diese Stimme lauter und überzeugender als bei anderen, was dazu führt, dass sie tendenziell zu viel nachdenken.

Dabei ist übermäßiges Nachdenken nicht unbedingt etwas Schlechtes. In manchen Situationen kann es sogar sehr von Vorteil sein. Es kann aber auch zu einer *großen Belastung für Sie werden*, zum Beispiel dann, wenn Sie versuchen, eine wichtige Entscheidung zu treffen.

In diesen Situationen beginnen Sie, die Stimme in Ihrem Kopf als eine Art Verbündeten zu betrachten, der Sie vor diversen Risiken schützen will. Dabei rät Ihnen die Stimme beispielsweise, Ihre

„unmöglichen" Träume lieber aufzugeben.

Wenn Sie sich selbst gegenüber ehrlich sind, werden Sie schnell einsehen, dass zu viel Nachdenken Ihre Fähigkeit, Ihre Ziele zu erreichen, in der Vergangenheit eher behindert als gefördert hat. Es gibt beispielsweise vielleicht Dinge, auf die Sie verzichtet haben, weil Sie fürchteten, Sie könnten sich in einer ungewohnten Situation blamieren. Ebenso gab es gegebenenfalls Chancen, die Sie ignoriert haben, weil Sie in beruflichen oder gesellschaftlichen Situationen nicht selbstbewusst genug waren.

Vielleicht haben Sie in solchen Situationen sogar allmählich die Motivation verloren, und wollten sich nicht mehr weiter bemühen, weil Sie immer wieder auf die selbstabwertende und unsichere Stimme in Ihrem Kopf gehört haben. Sie haben der Stimme geglaubt, die Ihnen sagte, dass Sie nicht gut genug seien. Es ist entscheidend, dass Sie verstehen, dass Ihre innere ängstliche Stimme und Ihre Vernunft sehr unterschiedlich sind - verwechseln Sie die beiden also nicht miteinander.

Millionen von Menschen auf der Welt fühlen sich heutzutage als seien sie in einem Teufelskreis aus negativen Gedanken gefangen, die täglich in ihrem Kopf ein- und ausgehen. Viele von ihnen beklagen sich darüber, dass sie vor lauter Grübeln unentschlossen und meist voller Angst seien. Wenn Sie sich also auch so fühlen, sollten Sie wissen, dass *Sie damit nicht allein sind.*

Wenn Sie sich von übermäßigem Grübeln befreien wollen oder ein Leben führen möchten, das sowohl erfüllend als auch positiv ist, dann sind Sie hier genau richtig. Dieses Buch ist die perfekte Lösung für alle, die sich durch ihre negativen Denkmuster eingeschränkt fühlen.

Dieses Buch ist etwas Besonderes, weil es den Schwerpunkt auf praktische und leicht zu erlernende Strategien legt, die *jeder* umsetzen kann. Es erklärt Ihnen die psychologischen Hintergründe von Sorgen und Überlegungen und bietet Ihnen praktische Methoden, die Ihnen dabei helfen, diese zu erkennen und zu überwinden.

„Nicht zu viel nachdenken" ist ein Muss, wenn Sie Ihr emotionales und geistiges Wohlbefinden verbessern wollen. Dabei spielt es keine Rolle, ob Sie unter leichten oder schweren Angstzuständen leiden. Sie werden mithilfe dieses Buches eine Strategie finden, die Ihnen dabei helfen kann, Ihre negativen Denkmuster zu überwinden und mehr Glück und Frieden in Ihren Alltag zu bringen.

Legen Sie noch heute mit dem Lesen los und fangen Sie an, Strategien, die in diesem Buch erklärt werden, regelmäßig umzusetzen. Lernen Sie, Ihre Gedanken und Gefühle zu kontrollieren, um ein erfüllteres Leben zu führen.

Kapitel 1: Warum wir zu viel nachdenken (oder die Psychologie des Grübelns)

Wilhelm hatte in der kommenden Woche einen Geschäftstermin in New York. Er hatte sich seine Tickets gekauft, seine Koffer gepackt und alles für die Reise vorbereitet. Allerdings konnte er seit drei Tagen nicht mehr schlafen. Es schossen ihm zu viele Gedanken durch den Kopf. „Was, wenn ich meinen Flug verpasse?" „Was, wenn ich zu spät zum Treffen komme?" „Was ist, wenn ich während des Treffens Mist baue?" „Was, wenn das Flugzeug abstürzt?" Wilhelm kämpfte ein paar Tage lang mit diesen Gedanken. Er verpasste sogar den Geburtstag seines besten Freundes, weil er so sehr mit seinen eigenen Sorgen beschäftigt war – er fühlte sich gestresst und ausgelaugt.

Als der Tag des Geschäftstreffens kam, schaffte er es zum Glück, das Flugzeug zu erwischen, pünktlich anzukommen und alles lief besser, als er es sich je hätte vorstellen können. Er hatte seine Zeit und Energie vor der Reise damit verschwendet, sich das Schlimmste auszumalen und so Probleme aus dem Nichts erschaffen.

Man könnte behaupten, dass Wilhelms Besorgnis ihm bei der Vorbereitung auf das Treffen geholfen hat. Dem steht aber entgegen, dass er keinen Grund hatte, sich Sorgen zu machen, denn es gab eigentlich gar kein Problem. Es waren alles nur Gedanken in seinem Kopf - Probleme, die er sich ausgedacht hatte. Er war besessen von

Dingen, die sich seiner Kontrolle entzogen und stellte sich Szenarien vor, die weder hilfreich noch rational waren.

Übermäßiges Nachdenken kann dazu führen, dass Sie sich in Ihren Gedanken verlieren.
https://unsplash.com/photos/BuNWp1bL0nc?utm_source=unsplash&utm_medium=referral&ut m_content=creditShareLink

Warum hat Wilhelm in dieser Situation zu viel nachgedacht? Warum machen sich Menschen Sorgen über Dinge, die sich ihrer Kontrolle entziehen? Wie lassen sich derartige negative Gedanken psychologisch erklären? Dieses Kapitel beantwortet all Ihre Fragen und erklärt Ihnen, warum viele Menschen oft in diesen Abwärtsspiralen unaufhörlicher Gedanken gefangen sind.

Zu viel nachgedacht

Das übermäßige Denken ist der Prozess, bei dem Sie immer wieder auf denselben Gedanken, dasselbe Thema oder dieselbe Situation zurückkommen und jedes noch so kleine Detail analysieren, so dass Sie schließlich förmlich von diesen Gedanken verzehrt werden und sich nicht mehr auf einen anderen Bereich Ihres Lebens konzentrieren können. Mit anderen Worten: Wenn Sie zu viel über etwas nachdenken und in einer Schleife verharren, wird Ihr Leben dadurch gestört.

Der Psychologe Dr. Jeffrey Huttman definiert das sogenannte „Overthinking" (das Grübeln) als den ständigen Hang zum Analysieren von Gedanken und Emotionen und als übermäßige Fixierung auf Fehler und falsche Entscheidungen, die in der Vergangenheit liegen. Die amerikanische Therapeutin Jessica Foley erklärt, dass übermäßiges Grübeln mit unproduktiven Gedanken verbunden ist, z.B. wenn Menschen von längst vergangenen Ereignissen wie besessen sind und wenn ihre Arbeit oder Beziehungen durch derartige Gedanken negativ beeinflusst werden.

Manche Menschen glauben, dass das Grübeln nicht unbedingt immer etwas Schlechtes oder gar eine Charakterschwäche ist, da ihnen das Nachdenken dabei hilft, Probleme aus verschiedenen Blickwinkeln zu betrachten und so die beste Lösung zu finden. Dadurch wollen sie auf den Fall, dass etwas Unerwartetes geschieht, besser vorbereitet sein. Das ist jedoch nicht wahr.

Das Konzept einer *Problemlösung* bedeutet, dass Sie nach Antworten auf die Fragen suchen, über die Sie nachgedacht haben, in der Hoffnung, eine Lösung zu finden, während *übermäßiges Nachdenken oder Grübelei* bedeutet, dass Sie sich mit allen Fallstricken und unerwarteten Konsequenzen eines Problems beschäftigen, ohne dabei wirkliche oder effektive Ergebnisse zu erzielen. Diese Gedanken sind in der Regel nur in Ihrem Kopf, und das vermeintliche „Problem" gibt es in Wirklichkeit gar nicht.

Andere Menschen verwechseln Grübeln mit Selbstreflexion, aber die beiden Gedankenmuster könnten kaum unterschiedlicher sein. Bei der Selbstreflexion handelt es sich um einen geistigen Prozess, bei dem Sie über Fragen, die Sie selbst betreffen, nachdenken, um den Sinn Ihres Lebens zu erkennen und dadurch persönliches Wachstum zu erreichen. Dies steht im Gegensatz zum negativen Denken, bei dem Sie sich mit Ihren Schwächen beschäftigen, ohne die Absicht, sich eines Tages zu ändern oder charakterlich zu wachsen.

Gelegentliches Grübeln ist selbstverständlich ganz normal. Wenn Sie zum Beispiel erfahren, dass Ihr Arbeitgeber plant, Mitarbeiter zu entlassen, machen Sie sich natürlich Sorgen darüber, ob Sie entlassen werden könnten und wie Sie in diesem Falle eine neue Stelle finden werden. In derartigen Situationen ist das Problem real, gegenwärtig und erfordert Ihre Aufmerksamkeit. So ähnlich ist es auch, wenn Sie eine große Präsentation vor sich haben, die für Sie karriereentscheidend sein könnte. Auch hier ist es normal, dass Sie sich Sorgen machen und sich vielleicht sogar alle möglichen Probleme im Geiste ausmalen. Derartige Überlegungen können Sie in solchen Fällen dazu motivieren, noch härter zu arbeiten und auf alle möglichen Ergebnisse vorbereitet zu sein. Übermäßiges Nachdenken kann besonders dann hilfreich sein, wenn es Ihr Leben nicht beherrscht, sondern Sie lediglich dazu anspornt, aktive Maßnahmen zu ergreifen und Dinge zu ändern.

Überdenker sind nicht nur völlig von ihren Problemen besessen, sie versuchen gleichzeitig auch, einen tieferen Sinn und Zweck hinter ihren Gedanken zu finden. Auch das kann als ein weiterer Vorteil des Überdenkens verstanden werden. Wenn Sie zum Beispiel merken, dass Sie ständig daran denken, Ihren Job zu kündigen oder Ihren Ehepartner zu verlassen, ist es hilfreich, diese Gedanken genauer zu analysieren, deren Ursachen zu verstehen und herauszufinden, wodurch sie ausgelöst werden.

Wenn jedoch das Grübeln Ihre geistige Gesundheit und Ihr Wohlbefinden beeinträchtigt und Sie sich in diesem ungesunden Denkmuster so sehr verlieren, dass jeder Aspekt Ihres Lebens darunter leidet, einschließlich Ihrer Gesundheit, haben Sie ein Problem. Meistens sind solche Gedanken dann negativ und deren Überanalyse kann zu Besessenheit, Schuldgefühlen, Ängsten und Depressionen führen.

Übermäßiges Grübeln ist jedoch eine Charakterschwäche, die kein Teil Ihrer Persönlichkeit ist. Mit anderen Worten, die Sorgen machen Sie nicht aus und können, wie jede andere Persönlichkeitseigenschaft, mit den richtigen Strategien geändert werden.

Die Psychologie des Grübelns

Obwohl das Grübeln und Überdenken von Problemen nicht als psychische Störung eingestuft wird, wird es oft mit verschiedenen psychischen Störungen wie posttraumatischer Belastungsstörung (PTBS), Angstzuständen und Depressionen in Verbindung gebracht.

Laut einer Studie der Psychologin Bonnie N. Kaiser aus dem Jahr 2015 kann übermäßiges Grübeln auch durch Stress verursacht werden. Einige Kulturen betrachten das Grübeln als psychologische Krankheit, während andere es als ein mögliches Symptom einer solchen Krankheit betrachten.

Wenn Sie zu viel nachdenken, lösen Ihre Gedanken bestimmte Emotionen aus. Der Unterschied zwischen Wut / Angst / Aufregung / Glück / Freude und Grübeln und Selbstzerstörung ist im Grunde genommen minimal. Ein einfacher Gedanke wie „Wird man mich entlassen?" kann Sie auf einen endlosen Weg voller negativer Gedanken und Emotionen führen. Schnell denken Sie sich Dinge wie z.B. „Was ist, wenn ich keinen neuen Job finde?" oder „Ich werde die Miete nicht bezahlen können und meine Familie wird möglicherweise sogar auf der Straße landen."

Überdenker haben oft Angst vor der Zukunft und konzentrieren sich mehr auf das, was passieren könnte, als auf das, was tatsächlich um sie herum geschieht. Diese Neigung führt mit der Zeit zu Angstzuständen und kann sogar Depression verursachen.

Laut der Neuropsychologin Sanam Hafeez grübeln Menschen über Dinge nach, um eine bestimmte Situation zu kontrollieren, da sie glauben, dass sie dadurch besser auf Herausforderungen vorbereitet sind, und im Falle von Problemen schneller wissen, was zu tun ist. Wenn Sie sich besorgt oder ängstlich fühlen, versucht Ihr Gehirn, durch Grübeln die Angst zu verringern, damit Sie sich besser fühlen. Dazu gehen Sie im Geiste alle möglichen Szenarien durch, um besser abschätzen zu können, was tatsächlich passieren wird.

Ihr Gehirn bleibt jedoch manchmal in diesem Denkmuster stecken und kann sich nicht mehr von der Grübelei befreien, um etwaige notwendige Maßnahmen zu ergreifen. Selbst wenn Ihnen eine Lösung einfällt, wird sich Ihr Verstand immer mehr Was-wäre-wenn-Fragen ausdenken und Sie werden sich in einem negativen Denkmuster wiederfinden; In solchen Situationen können Sie keine Lösung finden und fühlen sich nicht in der Lage, mit dem Grübeln aufzuhören.

Forscher an der Universität von British Columbia haben festgestellt, dass bestimmte Persönlichkeitsmerkmale, wie z.B. Perfektionismus, dazu beitragen, dass Menschen zu viel nachzudenken. Dr. Hafeez erwähnt in seiner Forschung auch, dass Perfektionisten und ehrgeizige Menschen durch ihre Angst vor Misserfolgen und ihren Wunsch, für jedes Problem die perfekte Lösung zu finden, in der Regel mehr zum Grübeln neigen als die meisten anderen Menschen. Infolgedessen gehen sie jede mögliche Situation in ihrem Kopf durch und kritisieren jeden Fehler und jede Entscheidung, die sie treffen. Sie scheinen trotz dieser Bemühungen nie ganz in der Lage zu sein, eine Lösung zu finden, weil nichts je gut genug ist – schließlich stellen sie sich nur mit Perfektion zufrieden.

Dr. Huttman unterstützt die Theorie von Dr. Hafeez, dass nur Persönlichkeiten des Typs A - der lebhafte, ehrgeizige und wettbewerbsorientierte Personen beschreibt - eher dazu neigen, zu viel nachzudenken als Persönlichkeiten des Typs B, die tendenziell reaktiv, entspannt und weniger hektisch sind.

Übermäßiges Nachdenken kann überwältigend sein. Sie fühlen sich frustriert, weil Sie ständig alle Ihre Gefühle und Entscheidungen in Frage stellen. Sie können diesen Drang nicht bekämpfen, jeden Gedanken zu analysieren, den Sie haben, insbesondere die zufälligen, die sich oft in Ihren Geist einschleichen. Ein Überdenker steckt oft in einem Kreislauf aus Angst und Grübelei fest.

Gründe dafür, dass Menschen zu viel nachdenken

Zu viele Ängste und Sorgen können dazu führen, dass Sie zu viel nachdenken, aber auch andere Dinge können dazu führen, dass Sie von Ihren Gedanken besessen sind.

Sorgen um die Zukunft

Die Sorge um die Zukunft oder ein bevorstehendes Ereignis kann dazu führen, dass Sie sich zu viele Gedanken machen. Wenn Sie nicht sicher wissen, was passieren wird, versuchen Sie, Ihre eigene Version davon zu entwickeln, wie sich die Ereignisse entwickeln werden.

Trauma

Traumatische Erlebnisse führen oft zu übermäßigem Nachdenken. Bestimmte traumatische Ereignisse in Ihrem Leben können dazu führen, dass Sie sich über jedes kleine Detail und jeden Gedanken den Kopf zerbrechen. Das Grübeln wird dadurch zu einer erlernten Verhaltensweise, die sich in der Kindheit entwickelt, und die Ihnen dabei helfen soll mit schwierigen Situationen besser umzugehen.

Wenn Ihre Eltern zum Beispiel gewalttätig waren und Sie Ihr Leben lang in ständiger Sorge leben mussten, weil Sie nicht wussten, wann sie betrunken nach Hause kommen und um sich schlagen würden, sind Sie wahrscheinlich zu einer erwachsenen Person herangewachsen, die übermäßig wachsam und immer in höchster Alarmbereitschaft ist, damit Sie im Falle einer solchen Situation schnell reagieren können. Das führt zu zwanghaften Gedanken und zu ständiger Nervosität.

Ungewissheit

Es liegt in der menschlichen Natur, herausfinden zu wollen, wie jede Situation ausgehen wird, vor allem dann, wenn viel für Sie auf dem Spiel steht, zum Beispiel in Ihrer Karriere oder in Ihren Beziehungen. Die meisten Menschen wollen nicht mit derartiger Ungewissheit leben, also leben sie stattdessen in Verleugnung, anstatt sich selbst davon zu überzeugen, dass sie den Ausgang jeder Situation vorhersagen können, indem sie zu viel nachdenken. Das Grübeln gibt ihnen das falsche Gefühl, dass sie eines Tages eine Lösung für das Problem finden können. Nichts im Leben ist garantiert, und manchmal ist es egal wie sehr Sie sich anstrengen, es kann fast unmöglich sein, die Antworten, die Sie suchen, zu finden.

Kontrolle

Niemand fühlt sich gerne hilflos. Es kann für Sie sehr schwierig sein, wenn jemand, der Ihnen wichtig ist, in einer schwierigen Situation steckt und Sie nicht wissen, was Sie tun können, um dieser Person zu helfen. In manchen Situationen können Sie beispielsweise einem geliebten Menschen helfen. Möglicherweise braucht einer Ihrer Freunde Geld, und Sie können es ihm leihen. Wenn jedoch ein geliebter Mensch eine schwere Krankheit hat oder im Sterben liegt, können Sie nichts weiter tun, als der Person Ihre Liebe und Unterstützung anzubieten. Manchen Menschen fällt es schwer, ihre eigenen Grenzen zu erkennen und ihre Hilflosigkeit zu akzeptieren, so dass sie sich stattdessen zu viele Gedanken machen.

Diese Gedanken sind zwar im praktischen Sinne nutzlos, aber sie geben Ihnen das Gefühl, dass Sie doch etwas tun, um zu helfen. Mit anderen Worten, diese Gedanken geben Ihnen ein falsches Gefühl der Kontrolle und tragen dazu bei, dass Sie sich nützlich fühlen. Diese Gewohnheit kann jedoch auf Dauer Ihrer geistigen Gesundheit schaden und Stress, ein geringes Selbstwertgefühl und chronische Ängste bei Ihnen verursachen. Sobald Sie sich mit der Tatsache abgefunden haben, dass Sie unmöglich jeden Aspekt Ihres Lebens oder des Lebens anderer Menschen kontrollieren können, werden Sie merken, dass Sie sich weniger auf übermäßiges Nachdenken verlassen müssen.

Perfektionismus

Perfektionisten wollen nicht perfekt sein, sie wollen sich so fühlen, als sei alles perfekt. Ob es nun um ihre Arbeit, ihre Kleidung, ihr Auto, ihr Aussehen oder irgendeinen anderen Teil ihres Lebens geht, sie sind oft besessen von ihrem Bedürfnis nach Perfektion, bis sie schließlich das Gefühl haben, dass alles perfekt ist. Stellen Sie sich folgendes Beispiel vor: Sie haben eine Präsentation vorbereitet, die Sie am nächsten Tag

Ihrem Chef zeigen werden. Sie können jedoch nicht schlafen, weil Sie das Gefühl haben, dass Ihre Präsentation nicht perfekt ist. Sie denken ständig darüber nach, was Sie an Ihrer Präsentation noch ändern oder hinzufügen könnten, damit sie schließlich völlig fehlerfrei ist. Unterbewusst empfinden Sie diese Gedanken als hilfreich, denn sie lenken Sie von der Tatsache ab, dass Ihre Arbeit nicht das unrealistische Niveau erreicht hat, das Sie sich eigentlich wünschen. Perfektionismus rührt in der Regel von der Unfähigkeit der Menschen her, etwaige Unzulänglichkeiten zu tolerieren. Die Notwendigkeit, einfach zu akzeptieren, dass die Dinge gerade gut genug sein können, ist ein großer Schritt im Kampf gegen das Grübeln.

Dinge herausbekommen

Manchmal denken Menschen zu viel nach, weil sie einen Nutzen aus dem Grübeln ziehen. So kann es sein, dass jemand von einer Situation besessen ist, weil sie ihm Sympathie einbringt. Andere wiederum nutzen das Überdenken als Ausrede, um eine wichtige Entscheidung zu vertagen oder ganz zu vermeiden. Wenn sie eine schlechte Entscheidung treffen, können sie sich einreden, dass sie einfach nicht genug Zeit hatten, um richtig über das Problem nachzudenken.

Es ist wichtig zu verstehen, warum Sie manchmal zu dieser Taktik greifen und was Sie wirklich davon haben, denn nur dann können Sie an Ihren Herausforderungen wachsen.

Konfliktvermeidung

Die meisten Menschen mögen keine Konflikte und ziehen es vor, diese um jeden Preis zu vermeiden. Infolgedessen haben sie keine Erfahrung im Umgang mit Konfrontationen und schlagen in solchen Situationen um sich. Dies führt zu einer irrationalen Vermeidung von Streitsituationen und einer allgemeinen Angst vor Konflikten. Sie denken in diesem Fall während jeder schwierigen Situation darüber nach, wie Sie einen Konflikt vermeiden können, was zum Überdenken von Problemen und zum Grübeln führt. Dabei ist es viel einfacher zu lernen, wie man richtig mit Konflikten umgeht, als sich darüber Gedanken zu machen, wie man verhindern kann, dass je eine Interaktion in einen Streit ausartet.

Übergeneralisierung

Manchmal ist es so, dass Sie, weil es Ihnen geholfen hat, in einem Bereich Ihres Lebens zu viel nachzudenken, glauben, dass Ihnen das Grübeln auch in allen anderen Situationen zugutekommt. Obwohl

Grübeln in einigen Situationen positiv sein kann, ist es nie eine Garantie dafür, dass es Ihnen in anderen Situationen die gleichen Ergebnisse bringt. Stellen Sie sich beispielsweise vor, dass das Überdenken eine Art Werkzeug ist und dass Ihr Haus Ihr ganzes Leben repräsentiert. Würden Sie dasselbe Werkzeug verwenden, um jedes kaputte Teil in Ihrem Haus zu reparieren? Nein, natürlich nicht.

Sie müssen die Bereiche in Ihrem Leben, in denen Überdenken effektiv ist, von denen trennen, in denen es völlig nutzlos ist.

Arten des Grübelns

Jeder hat seine eigenen Gründe, die ihn zum Grübeln bringen, aber in der Regel ist das Überdenken stets mit einer kognitiven Verzerrung verbunden. Diese kann alternativ auch als ein negatives Denkmuster definiert werden, das in der Regel irrational ist und zu einem geringen Selbstwertgefühl, Stress, Angst und Depression beiträgt.

Katastrophisieren

Das Wort „Katastrophisieren" bedeutet, dass Sie sich in jeder Situation den schlimmsten möglichen Fall vorstellen. Beispielsweise haben Sie ein Vorstellungsgespräch und denken ständig, dass Sie die Stelle nicht bekommen werden, weil es andere Bewerber gibt, die besser sind als Sie, und dass der Gesprächspartner Sie nicht mag und Sie vielleicht sogar auslacht. Derartige Sorgen werden Ihnen irgendwann zu schaffen machen, und können Ihr Selbstwertgefühl senken. So kann es geschehen, dass Sie die Stelle am Ende nicht bekommen.

Alles oder nichts

Wenn man alles im Leben entweder als schwarz oder weiß betrachtet – so ist das ein Anzeichen einer unrealistischen Denkweise. Wenn Sie dazu neigen, alle Situationen immer nur aus einer Perspektive heraus zu betrachten, bedeutet das, Sie werden entweder erfolgreich sein und alles haben ODER scheitern und am Ende nichts haben.

Voreilige Schlussfolgerungen treffen

Überdenker glauben, dass sie die Gedanken anderer Menschen lesen können und meinen zu wissen, was ihre Mitmenschen denken und wie sie auf verschiedene Situationen reagieren werden. Sie glauben außerdem auch, dass sie die Zukunft und das Ergebnis jeder Situation vorhersagen können. Überdenker ziehen ihre Schlüsse meist vorschnell und auf der Grundlage ihrer verzerrten Sicht der Dinge, d.h. sie berücksichtigen nie alle Fakten, was dazu führt, dass sie unwahre Spekulationen anstellen.

Grübeln

Grübeln bedeutet, dass Sie sich mit der Vergangenheit beschäftigen und verschiedene Szenarien in Ihrem Kopf durchspielen. Sie denken also vielleicht darüber nach, wie Sie die Dinge anders hätten machen können oder machen sich Sorgen über ein bevorstehendes Ereignis. Da die Vergangenheit bereits vergangen ist und Sie keine Kontrolle über die Zukunft haben, sind diese Gedanken oft sinnlos und mit der Zeit auch anstrengend. Sie denken nämlich nicht so viel nach, um die Dinge zu verbessern, sondern Sie machen sich stattdessen grundlos Sorgen. Sie erleben diese Gedanken normalerweise, wenn Sie nervös sind, Angst haben oder sich vor einem bevorstehenden Ereignis wie beispielsweise einem Vorstellungsgespräch oder einer Prüfung fürchten. Anstatt sich entsprechend vorzubereiten, unterhalten Sie Ihre Angst mit negativen Gedanken, durch die Sie sich am Ende nur noch schlechter fühlen.

Vielleicht denken Sie auch oft an all die Male, in denen Sie bei einem Vorstellungsgespräch versagt oder eine Prüfung nicht bestanden haben, was sich schließlich auf Ihr Selbstwertgefühl auswirkt und Ihre Chancen, den Job zu bekommen oder die Prüfung zu bestehen, zunichtemacht.

Sorgen und Ängste

Wenn Sie sich Sorgen machen, bedeutet das, dass Sie wegen eines Problems, eines Ereignisses oder einer Situation zu viel Grübeln. Sie können sich dabei beispielsweise um Ihre Beziehung, Ihre Karriere, Ihr Geld, Ihre Gesundheit oder jeden anderen Teil Ihres Lebens sorgen. Im Gegensatz zum Grübeln ist das Sorgen realistischer und beruht auf echten Sorgen und nicht auf Gedanken in Ihrem Kopf. Sie sind in der Regel das Ergebnis von Stress und motivieren Sie dazu, etwas zu unternehmen und das Problem zu lösen.

Doch wie alles hat auch der Hang zum Sorgen machen eine negative Seite. In der Regel führen Ihre Sorgen dazu, dass Sie die Situation übertrieben, dramatisch einschätzen, wobei Sie die Dinge tendenziell zu negativ wahrnehmen. Sobald sich ein negativer Gedanke in Ihren Kopf eingeschlichen hat, folgen ihm schnell weitere, so dass Sie sich zunehmend überfordert und gestresst fühlen. Sie malen sich dadurch nicht nur das schlimmste Szenario aus, sondern glauben auch, dass die Situation, vor der Sie sich sorgen, bereits eingetreten ist. Hier ist ein

Beispiel: Eine Mutter ruft ständig ihren jugendlichen Sohn an, aber er geht nicht ans Telefon. Er sollte eigentlich um 22 Uhr nach Hause kommen, aber jetzt ist es Mitternacht und er ist immer noch nicht zurückgekommen. Sie macht sich solche Sorgen, dass sie sich schließlich einredet, er habe einen schrecklichen Unfall gehabt. Laut der amerikanischen Zeitschrift Psychology Today gelingt es dem menschlichen Gehirn manchmal nicht mehr, zwischen Realität und Einbildung zu unterscheiden. Wenn das geschieht, kann der Verstand nicht mehr klar zwischen seinen Sorgen und dem, was wirklich passiert, unterscheiden, so dass die Sorge in Grübelei umschlägt.

Andererseits bedeutet ein Gefühl der Angst, dass eine Situation von Ihnen als gefährlich und extrem stressig empfunden wird. Im Gegensatz zum Grübeln und zum Überdenken ist die Angst eine psychische Störung. Angstzustände halten länger an als Sorgen, können eine körperliche Reaktion wie beispielsweise Zittern oder Atemnot auslösen, basieren oft nicht auf einem echten Grund zur Sorge, da sie von Ihrer Wahrnehmung der Situation abhängen, können Ihr tägliches Leben beeinträchtigen und sind schwer zu bewältigen.

Manche Menschen benutzen die Begriffe *Sorgen* und *Ängste* als Synonyme, aber die beiden Wörter sind tatsächlich sehr unterschiedlich. Das folgende Beispiel soll Ihnen verdeutlichen, wie sie sich voneinander unterscheiden.

Sich Sorgen machen

Jessica hat Höhenangst. Immer wenn sie ihre Schwester besucht, die im fünfzehnten Stock wohnt, und sie aus dem Fenster sieht, fühlt sie sich besorgt und gestresst. Die Sorge veranlasst sie dazu, sich vom Fenster wegzusetzen, und sie fühlt sich danach schnell besser und entspannter.

Angst

Jessica hat solche Höhenangst, dass selbst der Blick auf hohe Gebäude sie nervös macht. Ihre Angst geht ihr nicht mehr aus dem Kopf und immer, wenn sie sich in einem hohen Stockwerk befindet, bekommt sie eine Panikattacke und ihr Herz schlägt rasend schnell. Dieses Gefühl begleitet sie über lange Zeit und beeinflusst alle Bereiche ihres Lebens.

Rechtlicher Hinweis: Dieses Buch bringt Ihnen hilfreiche Strategien bei, um übermäßiges Grübeln zu bekämpfen, aber psychologische Störungen und Krankheiten, wie beispielsweise Angstzustände, erfordern eine Einschätzung durch medizinisches Fachpersonal.

Wie funktioniert das Grübeln im Gehirn?

In Ihrem Schläfenlappen befindet sich ein Teil Ihres Gehirns, der Amygdala genannt wird. Dieser Bereich sendet ein Alarmsignal an den präfrontalen Kortex, um die Sorgen, die Sie haben, effektiv zu analysieren. Er bietet Ihnen jedoch keine Lösungsvorschläge an und versucht auch nicht, die Sorgen, an denen Sie leiden, zu lindern. Der präfrontale Kortex denkt sich alle negativen Folgen, die aus der Situation hervorgehen könnten, aus und schafft so eine sogenannte „Rückkopplungsschleife". Dadurch entsteht ein Teufelskreis, in dem jede Sorge, die Sie haben, durch die Amygdala und den präfrontalen Kortex verstärkt wird.

Um die Dinge für Sie etwas zu vereinfachen, stellen Sie sich vor, Sie erzählen Ihrem Freund, dass Ihr Partner in letzter Zeit Ihnen gegenüber distanziert war und dass Sie sich Sorgen machen, dass er Probleme bei der Arbeit hat, von denen er Ihnen nichts erzählt. Ihr Freund sagt Ihnen jedoch, dass die Wahrheit noch viel schlimmer sein könnte und dass Ihr Partner Sie vielleicht betrügt und sich womöglich deswegen distanziert, weil er Sie verlassen will. In dieser Situation sind Sie die Amygdala und Ihr Freund ist der präfrontale Kortex, der eine einfache Sorge in etwas viel Schlimmeres verwandelt.

Negatives Denken

Negative Denkmuster ignorieren alle positiven Aspekte einer Situation und konzentrieren sich nur auf das Negative. Derartige Denkmuster sind in der Regel unlogisch, weil rationale Überlegungen ausgeschlossen werden und Sie sich nur auf das konzentrieren, was theoretisch schiefgehen kann. Jemand, der gerade eine schlechte Beziehung hinter sich gebracht hat, tendiert dadurch zum Beispiel zu dem Glauben, dass er dazu bestimmt ist, für immer allein zu sein und nie in seinem Leben einen anständigen Menschen zu treffen.

Das negative Denken vergrößert üblicherweise den Blick auf das Negative und minimiert alles Positive. In dem vorherigen Beispiel hat sich die Person nur auf die eine schlechte Beziehung konzentriert und all die Zeiten, in denen sie sich glücklich und verliebt fühlte, ignoriert.

Können Sie aufhören, permanent zu viel nachzudenken?

Ja, das können Sie. Sie können diese Angewohnheit mit den richtigen Hilfsmitteln und Strategien erfolgreich beseitigen, indem Sie die Gründe und Auslöser für die negativen Denkmuster verstehen lernen. Dieses Buch enthält wirksame Übungen und Ratschläge, die Sie anwenden können, um das Grübeln zu bekämpfen und die negativen Gedanken ein für alle Mal loszuwerden.

Rechtlicher Hinweis: Wenn der Hang zum Grübeln in Ihrem Fall ein Symptom einer psychologischen Erkrankung ist, benötigen Sie die Hilfe einer medizinischen Fachperson.

Sind Sie ein Überdenker?

Machen Sie dieses kurze Quiz und finden Sie heraus, ob Sie ein Überdenker sind.

1. Können Sie Ihre Gedanken gut kontrollieren?
   - Ja
   - Nein

2. Schleichen sich oft negative Gedanken in Ihren Kopf?
   - Ja
   - Nein

3. Glauben Sie, dass Sie immer die Kontrolle über Ihre Gedanken haben müssen?
   - Ja
   - Nein

4. Sind Sie neugierig darauf, wie Ihr Geist funktioniert?
   - Ja
   - Nein

5. Konzentrieren Sie sich normalerweise besonders dann auf Ihre Gedanken, wenn Sie verärgert sind?
   - Ja
   - Nein

6. Sind Sie oft neugierig auf den Sinn oder Zweck bestimmter
   Gedanken?

   - Ja
   - Nein

7. Fragen Sie sich oft, warum Sie hartnäckige negative Gedanken
   oder Sorgen haben?

   - Ja
   - Nein

8. Sind Sie sich Ihrer Gedanken stets bewusst?

   - Ja
   - Nein

9. Konzentrieren Sie sich häufig so sehr auf ein Problem, dass Sie
   an nichts anderes mehr denken können?

   - Ja
   - Nein

10. Denken Sie immer wieder über das gleiche Problem nach, selbst
    wenn Sie bereits eine Lösung gefunden haben?

    - Ja
    - Nein

11. Versetzen Ihre Gedanken Sie in eine schlechte Stimmung?

    - Ja
    - Nein

12. Fühlen Sie sich oft wie von der Vergangenheit besessen oder
    machen Sie sich häufig Sorgen um die Zukunft?

    - Ja
    - Nein

13. Gehen Sie bereits vergangene Szenarien immer wieder in Ihrem
    Kopf durch?

    - Ja
    - Nein

14. Denken Sie in jeder Situation oft an die schlimmste mögliche
    Erklärung der Dinge?

    - Ja
    - Nein

15. Denken Sie immer wieder an die gleichen Sorgen oder Ängste?

- Ja
- Nein

16. Gehen Ihnen so viele Gedanken durch den Kopf, dass Sie sich kaum mehr entspannen können?

- Ja
- Nein

17. Fühlen Sie sich ständig besorgt oder ängstlich?

- Ja
- Nein

18. Fixieren Sie sich oft auf Dinge, die außerhalb Ihrer Kontrolle liegen?

- Ja
- Nein

19. Zweifeln Sie an jeder Entscheidung, die Sie treffen?

- Ja
- Nein

20. Glauben Sie, dass Sie ein Überdenker sind?

- Ja
- Nein

Sie sind ein Überdenker, wenn Sie die meisten dieser Fragen mit „Ja" beantwortet haben. Aber keine Sorge. Sie sind nicht allein. Viele Menschen neigen dazu, zu viel zu grübeln. Doch für jedes Problem gibt es eine Lösung, und da Sie sich bereits dazu entschieden haben, dass Sie sich ändern wollen, sind Sie auf dem richtigen Weg.

Das übermäßige Grübeln kann Ihre Lebensqualität beeinträchtigen. Sie können so sehr von Ihren negativen Gedanken eingenommen werden, dass Sie vergessen, entspannt zu leben, sich zu amüsieren oder all die guten Dinge in Ihrem Umfeld wahrzunehmen. Stattdessen sind Sie ständig erschöpft, da Ihr Gehirn nie abschalten kann, sondern sich stattdessen immer wieder neue Szenarien ausdenkt, die keinen logischen Zweck haben und Sie nur unnötig stressen.

Aber es liegt in Ihrer Macht, Ihr Leben zum Positiven zu wandeln. Das Verständnis der psychologischen Ursachen, die hinter dem übermäßigen Grübeln stecken, zeigt, dass es eine Ursache für Ihre

Gedanken gibt. Wenn Sie erst einmal herausgefunden haben, ob Ihr Bedürfnis nach Perfektion oder Ihr Kindheitstrauma Sie zu diesem Denkmuster veranlasst, können Sie die notwendigen Schritte, die zur Veränderung der Situation nötig sind, unternehmen.

Kapitel 2: Die bewusste Beobachtung von Gedanken und Gefühlen

Wenn Sie das Gefühl haben, dass Sie sich zu viele negative Gedanken machen und zu viele negative Gefühle haben, und zwar unabhängig davon, was gerade in Ihrem Leben passiert, dann sollten Sie wissen, dass Sie mit diesem Problem nicht allein sind. Wenn Sie zu viel nachdenken und sich über Dinge aufregen, die vielleicht passieren könnten oder vielleicht auch nicht, so ist das eine Eigenschaft, die viele andere Menschen auch haben. Das Grübeln ist weiterverbreitet, als Sie vielleicht denken. Fast jeder hat mit den überwältigenden und erschöpfenden Emotionen zu kämpfen, die manchmal mit negativen Gedanken einhergehen. An manchen Tagen wachen Sie vielleicht mit einem Herz voller Angst auf, haben ein flaues Gefühl im Magen und empfinden ein überwältigendes Gefühl der Traurigkeit. Selbst wenn Sie versuchen, diese nicht enden wollende Traurigkeit abzuschütteln, hält sie den ganzen Tag über an, raubt Ihnen oft die Energie und beeinträchtigt Ihren Umgang mit anderen. Es kann sich sogar so anfühlen, als würden Sie einen unsichtbaren Felsbrocken mit sich herumtragen, den Sie einfach nicht ablegen können.

Übermäßiges Grübeln kann eine Vielzahl negativer Emotionen bei Ihnen hervorrufen.
https://unsplash.com/photos/GVDV9tKGars?utm_source=unsplash&utm_medium=referral&utm_content=creditShareLink

Diese Art von emotionalem Verhalten ist bei Menschen, die von negativen Gedanken und Gefühlen geplagt werden, sehr weit verbreitet. Es gibt jedoch immer eine Möglichkeit, mit den negativen Gedanken und deren Einfluss auf Ihren Geisteszustand umzugehen. Der erste Schritt besteht dabei darin, dass Sie lernen, Ihre Gefühle und Gedanken zu „beobachten". Wenn Sie Ihre Gefühle bewusst erkennen und einordnen können, sind Sie folglich auch in der Lage, Ihre Emotionen viel effektiver zu steuern. In diesem Kapitel geht es darum, Sie bei diesem Prozess zu unterstützen. Sobald Sie Ihre Gedanken und Gefühle beobachten und identifizieren, werden Sie ein viel tieferes Verständnis dafür entwickeln, welche Situationen Ihre negativen Gedankenmuster auslösen. In diesem Kapitel finden Sie auch einige praktische Strategien, die Ihnen dabei helfen werden, den negativen Gedanken und Gefühlen, die immer dann auftauchen, wenn Sie mit Ihren Auslösern konfrontiert werden, zu widerstehen.

Denken Sie daran, dass der Umgang mit negativen Emotionen eine große Herausforderung sein kann. Aber wenn Sie sich vor diesen Emotionen drücken oder versuchen, sich zu verstecken, ist das auch nicht gesund. Sie sollten Ihre negativen Emotionen unter keinen

Umständen ignorieren oder unterdrücken, denn solche Gefühle werden letztendlich immer wieder auftauchen. Sie sollten diese Emotionen anerkennen und akzeptieren und stattdessen gesunde Bewältigungstechniken entwickeln. Wie das Zitat des Psychologen Carl Jung besagt: „Das, wogegen du dich wehrst, bleibt dir erhalten". Stellen Sie sich Ihre negativen Gefühle wie einen hüpfenden Ball vor, den Sie immer wieder vergeblich versuchen, unter Wasser zu drücken. Egal wie sehr Sie drücken, der Ball wird aufgrund des Wasserdrucks immer wieder auftauchen.

Ebenso hilft es Ihnen nicht, Ihre Gefühle zu verdrängen, denn solche Versuche werden sie nur verschlimmern. Machen Sie also den ersten Schritt, um sich aus Ihrem Kreislauf des Grübelns, der Selbstzweifel und der negativen Gedanken zu befreien, indem Sie herausfinden, wie Sie sich wirklich fühlen. Das wird nicht leicht sein, aber mit Ihrer unerschütterlichen Entschlossenheit werden Sie Ihre Ziele im Handumdrehen erreichen.

Emotionen richtig verstehen

Haben Sie jemals darüber nachgedacht, was Ihre Gefühle wirklich sind? Sind sie lediglich flüchtige Empfindungen, die kommen und gehen, oder sind sie mehr als das? Es ist unbestreitbar, dass Emotionen komplex und vielschichtig sind und dass sie in erster Linie dazu dienen, eine Vielzahl von Zwecken zu erfüllen. Stellen Sie sich Emotionen so ähnlich wie die Farben Ihrer inneren Gefühlslandschaft vor, als die Farben Ihrer Seele oder Ihrer Persönlichkeit. Es handelt sich um die Farbtöne, die Ihre Stimmung und Ihre Wahrnehmung der Welt prägen. Aus wissenschaftlicher Sicht sind Emotionen wie eine Art Energie in Bewegung. Ihr Gehirn nutzt Ihre Emotionen, um mit Ihnen zu kommunizieren. Je nach Ihrem emotionalen Zustand können sie subtil, überwältigend, intensiv oder flüchtig sein. Sie können angenehm oder unangenehm, positiv oder auch negativ sein, aber unabhängig von ihrer genauen Natur sind Emotionen dazu da, Ihnen wertvolle Informationen über sich selbst zu liefern.

Viele Menschen haben den Irrglauben, dass sie immer sofort ihrem Bauchgefühl folgen sollten. Sie sind jedoch nicht immer rational. Tatsächlich sind solche Emotionen aber oft irreführend und irrational, weshalb Sie nie sofort auf solche Empfindungen reagieren sollten. Stattdessen sollten Sie sich etwas Zeit nehmen, um zu verstehen, warum

Sie eine bestimmte Emotion empfinden und erst dann handeln. Ähnlich wie eine Leinwand, die Zeit braucht, um zu trocknen, bevor Sie noch mehr Farbe auftragen können, brauchen auch Ihre Emotionen Platz und Zeit, bevor Sie auf sie reagieren können. Ihre Gefühle sind jedoch ein zweischneidiges Schwert. Wenn Sie sie unterdrücken oder vermeiden, werden sie sich wahrscheinlich weiter anhäufen. Der beste Weg, um mit negativen Emotionen umzugehen, ist, sie zunächst zu bemerken und dann bedacht anzuerkennen.

Um sich Ihrer Emotionen bewusster zu werden, müssen Sie sich auf eine Reise der Selbstentdeckung und Selbstakzeptanz begeben. Sie müssen die vielen Facetten Ihres Gefühlslebens enträtseln und lernen, die Eigenschaften anzunehmen, die Sie zu der Person machen, die Sie wirklich sind. Auf dieser Reise müssen Sie sich Ihren Ängsten stellen, Ihre Dämonen konfrontieren und am Ende gestärkt aus der Erfahrung hervorgehen. Sie müssen nur wissen, dass Sie Ihren Emotionen nicht entkommen können und dass Sie sie in Ihrem Herzen fühlen müssen, wenn nicht gleich, dann irgendwann. Es ist also besser, wenn Sie Ihre Emotionen nicht unterdrücken, sondern stattdessen auf gesunde und bedachte Weise mit ihnen umgehen.

Emotionen beobachten und erkennen

Die Beobachtung Ihrer Emotionen ist vielleicht zunächst nicht so einfach, wie Sie denken. Sie ist definitiv etwas, mit dem viele Menschen sehr zu kämpfen haben. Meistens haben die Menschen das Gefühl, dass ihre Emotionen sie kontrollieren, anstatt umgekehrt. Diese Einschätzung gilt insbesondere für Menschen, die mit übermäßigem Grübeln und negativen Denkmustern zu kämpfen haben. Nehmen wir beispielsweise an, Sie haben es mit einem ernsten psychischen Problem zu tun. In diesem Fall ist das Beobachten und Identifizieren Ihrer Emotionen keine effektive langfristige Lösung. Stattdessen sollten Sie nicht nur die in diesem Kapitel beschriebenen Strategien anwenden, sondern in erster Linie professionelle Hilfe in Anspruch nehmen.

Wenn Sie besser verstehen, wie Sie sich wirklich fühlen, können Sie anschließend damit anfangen, Ihre Handlungen und sogar Ihre Emotionen besser zu kontrollieren und auf eine gesunde Art und Weise auf Ihre Gefühle zu reagieren, anstatt um sich zu schlagen oder sie zu unterdrücken. Auf diese Weise können Sie sich von negativen Denkmustern und destruktiven Bewältigungsstrategien befreien. Aber wie Sie wissen, ist es nicht immer einfach, Ihre Gefühle wahrzunehmen und zu akzeptieren. Am Anfang kann es Ihnen sehr unangenehm - und sogar schmerzhaft - erscheinen, wenn Sie sich Ihren Gefühlen stellen müssen. Mit der Zeit und etwas Übung werden Sie jedoch die nötigen Fähigkeiten entwickeln, die Sie brauchen, um mit Ihren Gefühlen auf gesunde Weise umzugehen. Wenn Sie also mit negativen Emotionen zu kämpfen haben oder zu viel nachdenken, nehmen Sie sich zunächst etwas Zeit, um über Ihre emotionalen Erfahrungen nachzudenken. Identifizieren Sie die einzelnen Emotionen, mit denen Sie zu kämpfen haben, und die entsprechenden Auslöser, die sie bei Ihnen verursacht haben. Hier sind einige der Möglichkeiten, die Ihnen dabei helfen können, das zu tun:

1. Der mentale Check-In

Eine der einfachsten Möglichkeiten, um genau herauszufinden, was Sie in einem bestimmten Moment fühlen, ist der sogenannte mentale Check-In. Ein solcher Check-in ist perfekt dazu geeignet, negative Emotionen zu identifizieren. Der Test hilft Ihnen auch herauszufinden, welche Gedanken Sie aufgrund dieser Emotionen haben und wie Ihr Verhalten Ihre Gedanken widerspiegelt. Es handelt sich im Grunde genommen um einen mentalen Scan Ihres Gefühlshaushalts.

Um zu verstehen, wie Sie diese Technik einsetzen können, stellen Sie sich folgendes Beispiel vor: Nehmen wir einmal an, Sie sind bei der Arbeit und haben gerade etwas Feedback von Ihrem Vorgesetzten erhalten. Das Feedback war kritischer, als Sie es erwartet hatten, und Sie spüren, wie Ihr Herz zu rasen beginnt und wie sich ein Knoten in Ihrem Magen bildet. Vielleicht bemerken Sie sogar plötzlich, dass Ihnen negative Gedanken durch den Kopf gehen, wie z.B. „Ich bin einfach nicht gut genug", „Warum mache ich immer alles falsch?" oder „Warum passieren mir immer schlechte Dinge?" In diesem Fall sollten Sie die folgende Strategie einsetzen, um zu verstehen, woher diese Gedanken kommen. Atmen Sie tief durch und machen Sie einen mentalen Check-in Test. Stellen Sie sich dazu die folgenden Fragen:

- Was fühle ich im Moment?
- Wie empfinde ich die Gefühle in meinem Körper?
- Welche Gedanken gehen mir durch den Kopf?

Beantworten Sie eine Frage nach der anderen, indem Sie die Fragen entweder aufschreiben oder sich die Antworten einfach im Kopf beantworten. Sie werden feststellen, dass Sie sich mit jeder Antwort bewusster darüber werden, wie Ihr aktueller emotionaler Zustand ist und welche Gefühle Sie empfinden. In diesem Fall fühlen Sie sich vielleicht wütend, ängstlich, beschämt, traurig oder sogar hoffnungslos. Auf dieser Seite finden Sie eine Checkliste mit Fragen, die Sie als Leitfaden für Ihren mentalen Check-In verwenden können:

- **Was fühle ich im Moment?**
  - Fühle ich mich ängstlich, wütend, traurig oder überwältigt?
  - Spüre ich körperliche Empfindungen wie Verspannungen, Schmerzen oder Herzrasen in meinem Körper?
  - Auf einer Skala von 1 bis 10, wie intensiv ist das Gefühl, das ich empfinde?
- **Wo spüre ich die Gefühle in meinem Körper?**
  - Spüre ich Verspannungen, Unbehagen oder Schmerzen in einem bestimmten Bereich meines Körpers?
  - Gibt es ein bestimmtes Gefühl, das sich stärker bemerkbar macht als der Rest?
- **Welche Gedanken gehen mir durch den Kopf?**
  - Habe ich irgendwelche negativen Gedanken, wie beispielsweise Selbstkritik, Grübeln oder katastrophale Gedanken?
  - Sind diese Gedanken wirklich hilfreich für mich oder nicht?
  - Kann ich diese Gedanken mit Beweisen oder einer alternativen Perspektive widerlegen?

2. Achtsamkeit und Meditation

Die Meditation zur Förderung der Achtsamkeit bietet Ihnen eine weitere effektive Möglichkeit, Ihre Emotionen zu erkennen und zu beobachten. Die Achtsamkeit ist im Grunde genommen das Vorhaben, geistig präsent zu sein und sich der eigenen Gedanken, Emotionen und körperlichen Empfindungen im gegenwärtigen Moment bewusst zu sein. Sie können diese Methode immer dann anwenden, wenn Sie sich von negativen Emotionen und übertriebenen Denkmustern überwältigt fühlen. Wenn Sie sich zum Beispiel vor einer wichtigen Präsentation ängstlich fühlen, ist diese Strategie eine mögliche Lösung. Wenn Sie erst einmal erkannt haben, welche Emotion Sie empfinden, können Sie leichter und besser mit ihren Empfindungen umgehen. Um achtsam zu meditieren, nehmen Sie zunächst eine bequeme Position ein, vorzugsweise an einem Ort, an dem Sie nicht gestört werden können. Atmen Sie ein paar Mal tief durch und folgen Sie dann den folgenden Schritten:

1. Beginnen Sie mit Ihrem Kopf und versuchen Sie, alle körperlichen Empfindungen wahrzunehmen, die Sie an Ihren Kopf spüren. Fühlen Sie sich unwohl, angespannt oder verkrampft? Beobachten Sie diese Empfindungen einfach, anstatt auf sie zu reagieren. Vielleicht haben Sie ein enges Gefühl in der Brust oder einen Knoten im Magen, Ihr Herz schlägt viel schneller oder Sie haben einfach nur ungewöhnlich starke Kopfschmerzen.

2. Wenn Sie die körperlichen Empfindungen, die Sie spüren, beobachtet haben, richten Sie Ihre Aufmerksamkeit anschließend auf Ihre Atmung. Achten Sie darauf, wie Ihr Atem in Ihren Körper ein- und ausströmt. Leeren Sie Ihren Geist und konzentrieren Sie sich einfach darauf, wie Sie atmen. Wenn Ihre Atmung schnell ist, verlangsamen Sie sie allmählich, bis sich Ihr Herzschlag wieder beruhigt hat.

3. Konzentrieren Sie sich weiterhin auf Ihren Atem und schießen Sie alle Gedanken ab, die in Ihrem Geiste auftauchen. Konzentrieren Sie sich auf Ihre Atmung, anstatt sich in den Gedanken oder Emotionen zu verfangen, die Sie gerade erleben. Behandeln Sie Ihre Emotionen und Gedanken wie Wolken, die am Himmel vorbeiziehen. Unterdrücken oder verurteilen Sie sie nicht. Nehmen Sie sie stattdessen einfach zur Kenntnis und lassen Sie sie vorbeiziehen.

4. Sobald Sie sich Ihre Emotionen notiert haben, trennen Sie sie voneinander und benennen Sie sie. In diesem Fall fühlen Sie sich vielleicht nervös, verängstigt oder ängstlich, und die Benennung Ihrer Gedanken hilft Ihnen dabei, die Kontrolle zu behalten.

5. Denken Sie daran, dass Emotionen ein normaler Teil des Menschseins sind, auch wenn Sie sich durch diese Emotionen schwach fühlen. Anstatt sich darüber zu ärgern, sollten Sie mitfühlend und freundlich zu sich selbst sein.

Üben Sie diese Strategie regelmäßig, um Ihre Gefühle in jedem Moment achtsam zu beobachten. Je mehr Sie üben, desto besser werden Sie darin, Ihre Gefühle zu beobachten und bewusst zu benennen.

3. Tagebuchschreiben

Was gibt es Besseres, als sich Ihre Gedanken aufzuschreiben und Ihre Gefühle mit einem Tagebuch zu erforschen? Diese Übung hilft Ihnen nachweislich dabei, die Kontrolle über Ihre Emotionen zu gewinnen, negative Gedankenmuster zu bewältigen und Auslöser zu erkennen. Hier sind einige Ideen für das Schreiben von Tagebüchern, die Sie in Ihre Routine einbauen können:

a. Freies Schreiben

Freies Schreiben ist genau das, wonach es klingt. Schreiben Sie einfach alles auf, was Ihnen in den Sinn kommt. Das können negative Gedanken, Zweifel oder überzogene Denkmuster sein. Stellen Sie sich einfach eine Stoppuhr für einen Zeitraum zwischen 10 und 15 Minuten und lassen Sie Ihren Stift fließend über das Papier gleiten. Kümmern Sie sich nicht um Grammatik, Interpunktion oder Kohärenz; schreiben Sie sich einfach die Seele aus dem Leib! Dies wird Ihnen helfen, Themen und Muster in Ihrem emotionalen Zustand zu erkennen.

b. Brainstormingübungen

Wenn Sie mit einem Problem zu kämpfen haben, was dazu führt, das Sie alles in Frage stellen, nutzen Sie Ihr Tagebuch, um nach Lösungen zu suchen. Schreiben Sie darin viele Gedanken wie möglich auf, auch wenn einige der Gedanken Ihnen dumm, unrealistisch oder irrational erscheinen. Schreiben Sie dann Lösungen für diese Probleme auf. Überlegen Sie, ob das Problem etwas ist, das Sie kontrollieren können. Wenn nicht, brauchen Sie sich nicht länger damit zu befassen.

c. Strom des Bewusstseins

Diese Technik ähnelt dem freien Schreiben und besteht darin, Ihre Gedanken aufzuschreiben, während Sie sie denken, aber mit etwas mehr Struktur. Sie können mit einer Frage wie „Was fühle ich gerade?" oder „Was geht mir heute durch den Kopf?" beginnen und Ihren Gedanken anschließend einfach freien Lauf lassen. Vielleicht fühlen Sie sich zum Beispiel ängstlich, können aber nicht so leicht herausfinden, warum Sie sich so fühlen. Mithilfe dieser Übung können Sie herausfinden, warum Sie sich ängstlich fühlen und Ihre Gedanken überprüfen, sobald sie auftauchen.

d. **Emotionale Kartierung**

Die Kartierung Ihrer Emotionen in Ihrem Tagebuch hilft Ihnen dabei, die mit bestimmten Emotionen verbundenen Verhaltensweisen und Auslöser bewusst zu erkennen. Zeichnen Sie dazu einen Kreis in der Mitte des Blattes und schreiben Sie in den Kreis all die Emotionen, die Sie gerade empfinden. Zeichnen Sie dann einige Linien von dem Kreis aus und notieren Sie am Ende jeder Linie alle Auslöser, die Ihnen einfallen, sowie das Verhalten, das zu dieser Emotion führt. Wenn Sie sich zum Beispiel wütend fühlen, schreiben Sie es auf, zusammen mit den Auslösern für die Wut UND dem dazugehörigen körperlichen Ausdruck der Emotion (wie geballte Fäuste, rasende Gedanken oder wütendes Schreien).

e. **Dialogisches Tagebuchschreiben**

Dialogisches Tagebuchschreiben ist effektiv - und eine unterhaltsame Art, Ihre Kreativität zu nutzen, um Ihre Gefühle auszudrücken. Für diese Übung schreiben Sie ein fiktives Gespräch zwischen Ihnen und den Emotionen, die Sie gerade erleben, auf. Stellen Sie Ihren Emotionen Fragen, drücken Sie aus, wie Sie sich gerade verhalten, und überlegen Sie sich Antworten auf Ihre Fragen. Diese Strategie kann Ihnen dabei helfen, Ihre Emotionen besser zu verstehen und etwaige Probleme, die Sie möglicherweise haben, zu bewältigen. Das dialogische Tagebuchschreiben kann dann zum Beispiel so aussehen:

Emotion: Angst

Tagebucheintrag:

„Heute bin ich wegen eines bevorstehenden Vorstellungsgesprächs sehr aufgeregt. In meinem Kopf kreisen die Gedanken daran, was alles schiefgehen könnte und wie ich es vermasseln könnte, herum. Ich weiß nicht, wie ich mich beruhigen und meine Nerven in den Griff

bekommen soll.“

Dialogisches Tagebuchschreiben:

→ *Sie: Hallo, Angst. Wie ich sehe, bist Du wieder hier.*

→ *Die Angst: Ja, ich bin wieder da. Du hast morgen ein Vorstellungsgespräch, erinnerst Du dich daran?*

→ *Sie: Ja, das tue ich. Aber ich bin deswegen sehr nervös.*

→ *Angst: Das liegt daran, dass Du Angst davor hast, den Job nicht zu bekommen. Du hast Angst davor, nicht gut genug zu sein.*

→ *Sie: Ja, das ist wohl wahr. Aber ich habe mich auf dieses Gespräch vorbereitet und verfüge über relevante Berufserfahrung.*

→ *Angst: Aber was ist, wenn man Dich nicht mag? Was, wenn Du es vermasselst?*

→ *Sie: Ich weiß, dass diese Selbstzweifel von Dir ausgehen, Angst. Aber ich werde mein Bestes geben und das ist alles, was ich tun kann. Ich muss nicht perfekt sein.*

→ *Die Angst: Okay, ich verstehe, was Du meinst. Aber ich werde trotzdem während des Gesprächs bei Dir sein.*

→ *Sie: Das ist schon in Ordnung. Ich weiß, dass Du nur versuchen willst, mich zu beschützen. Ich werde mein Bestes tun, um mit Dir zurechtzukommen und nicht zuzulassen, dass Du die Kontrolle übernimmst.*

Diese Methode bringt Sie dazu, ein ernsthaftes Gespräch mit Ihren Gefühlen zu führen und dadurch schnell besser zu verstehen, woher sie kommen.

4. Sorgenliste

Diese Methode ist perfekt für Grübler geeignet, die mit angstauslösenden und unrealistischen Gedanken zu kämpfen haben. Das Aufschreiben Ihrer Gedanken bietet Ihnen eine großartige Möglichkeit, um Ihren Geist zu beruhigen. Erstellen Sie sich eine Sorgenliste, auf der Sie alle Ihre Gedanken und Sorgen notieren. Lassen

Sie diese Liste den ganzen Tag über bei sich und fügen Sie immer dann Gedanken hinzu, wenn Sie sich weitere Sorgen machen - ganz gleich, wie groß oder klein diese Sorgen sind. Denken Sie daran, dass Sie sich selbst nicht verurteilen sollten, wenn Sie Ihre Gedanken aufschreiben. Lernen Sie, sich selbst gegenüber Mitgefühl zu haben und sich selbst so zu behandeln, wie Sie einen engen Freund behandeln würden, der mit negativen Gedanken oder Selbstzweifeln zu kämpfen hat.

Vielleicht stellen Sie zum Beispiel fest, dass Sie sich ständig Sorgen um Ihre Leistung bei der Arbeit machen, selbst wenn Sie gar nicht im Dienst sind. Wenn Sie sich dies aufschreiben, können Sie erkennen, dass die Gedanken an die Arbeit eine häufige Ursache für Ihre Sorgen sind, und darauf hinarbeiten, Bewältigungsstrategien zu entwickeln, um mit diesen Gefühlen besser umzugehen.

5. Gedankliche Kennzeichnung

Eine weitere Möglichkeit, um sich selbst davon abzuhalten, in die negative Gedankenfalle zu fallen, besteht darin, die Gedanken zu benennen, die Sie empfinden. Sie können sie entweder als positiv, negativ oder als neutral bezeichnen. Nehmen wir zum Beispiel an, Sie sitzen zu Hause und denken plötzlich darüber nach, was heute auf der Arbeit passiert ist. Vielleicht hat ein Kollege etwas Unhöfliches zu Ihnen gesagt, oder Ihr Vorgesetzter hat Ihre Arbeit zu sehr kritisiert. Anstatt sich in den Details der Situation zu verlieren und das Ereignis noch einmal zu erleben, versuchen Sie, diesen Gedanken als positiv oder negativ einzustufen. Wenn Sie etwas denken, wie „Ich kann nicht glauben, dass man das wirklich zu mir gesagt hat", so wird dies als negativer Gedanke gewertet. Wenn Sie aber denken: „Ich bin so dankbar für die Unterstützung meiner Kollegen, die mir heute den Rücken gestärkt haben", dann wird dies als positiv eingestuft. Die Einordnung Ihrer Gedanken ermöglicht es Ihnen, Ihre Denkmuster zu erkennen und festzustellen, ob Sie dazu neigen, negative Gedanken zu denken oder ob auch positive Gedanken zu Ihrem Alltag gehören. Dies wird Ihnen auch dabei helfen, die negativen Gedanken, die Sie haben, zu hinterfragen und Wege zu finden, um mit diesen Gedanken umzugehen. Sie können auch eine Checkliste mit positiven und negativen Bezeichnungen erstellen und jedes Mal, wenn ein Gedanke auftaucht, innehalten und überlegen, wohin er gehört.

6. Zeitreise

Haben Sie jemals über einen peinlichen Moment nachgedacht und sich gewünscht, Sie könnten in der Zeit zurückreisen, um Ihr Verhalten zu ändern? Leider sind Zeitreisen keine Lösungsoption. Es gibt jedoch eine Strategie, die Ihnen dabei helfen kann, die negativen Gedanken und Gefühle, die Sie haben, von einer neuen Perspektive aus zu betrachten. Immer wenn Sie an eine bestimmte Situation denken, die Ihnen negative Gedanken bereitet, atmen Sie ein paar Mal tief durch und stellen Sie sich vor, wie Sie aus der Vogelperspektive auf die Situation herabschauen. Stellen Sie sich vor, wie Sie die Szene als Außenstehender beobachten. Sehen Sie sich die Situation aus der Ferne an und versuchen Sie, sich emotional so weit wie möglich von ihr zu distanzieren. Überlegen Sie, welchen Rat Sie einem Freund geben würden, wenn er in der gleichen Situation wäre. Wenn Sie sich selbst aus der Situation herausnehmen und sie von einem anderen Blickwinkel aus betrachten, ist es viel unwahrscheinlicher, dass Sie negative Gedanken mit der Situation verbinden. Vielleicht kommen Sie sogar auf neue Lösungen für Ihr Problem.

Ihre Gedanken sind schließlich nur in Ihrem Gehirn. Warum lassen Sie zu, dass Ihre Gedanken die Kontrolle über Ihren ganzen Körper haben? Ihre Gedanken machen Sie nicht aus und Sie haben die Macht, sie zu kontrollieren. Mit den Techniken und Übungen, die Sie in diesem Kapitel kennengelernt haben, können Sie die Kontrolle über Ihre Gedanken übernehmen und beginnen, im gegenwärtigen Moment zu leben, anstatt ständig in Ihrem Kopf zu sein. Am Anfang wird es nicht leicht sein, aber schon bald werden Sie die Kontrolle über Ihre Gedanken und Gefühle erlangen und gesunde Bewältigungsmechanismen entwickeln.

Kapitel 3: Ihre Version der Ereignisse hinterfragen

In diesem Kapitel erfahren Sie, wie Sie die Gedanken und Überzeugungen, die zu Stress, Grübeln und Sorgen führen, bewerten und besser verstehen können. Sie erfahren dadurch, welche ungesunden Denkweisen Ihr Selbstwertgefühl bestimmen und wie Sie diese Gedanken zukünftig in Frage stellen können. Außerdem erfahren Sie, wie Sie Ihre negativen Selbstüberzeugungen in konstruktivere Gedanken umwandeln können, und erhalten Tipps dazu, wie Sie Ihr Selbstwertgefühl verändern können.

Verstehen Sie Ihre Erlebnisse

Das Verstehen Ihrer Erlebnisse kann Ihnen dabei helfen, Fragen über sich selbst zu beantworten.

Den meisten Menschen fällt es schwer, einfache Fragen über sich selbst zu beantworten. Sie sind sich nicht ganz sicher, wer sie wirklich sind, wenn sie auf sich allein gestellt sind. Sie wissen nicht, wann oder wo sie sich am wohlsten fühlen und können die Situationen, in denen sie sich unwohl fühlen, nicht immer genau bestimmen. Manche Menschen wissen nichts über ihre persönlichen Überzeugungen, Gedanken und Werte und haben sich im Laufe der Zeit ein falsches Bild von sich selbst gemacht.

Sie müssen Ihre Version der Ereignisse verstehen, um zu verstehen, was Sie beunruhigt und nachts wachhält. Sie müssen die Geschichten erforschen, die Sie sich über sich selbst und über Ihre Erlebnisse in der Welt um sich herum ausgedacht haben. Sie müssen Ihre Wahrnehmung und Ihre Überzeugungen erforschen, um herauszufinden, was genau Sie ängstlich macht.

Der Schlüssel dazu ist nicht die Frage, warum Sie so sind, wie Sie sind, sondern die Notwendigkeit, dass Sie sich als Ganzes verstehen und akzeptieren. Selbsterkenntnis ist eine wesentliche Voraussetzung für Ihr persönliches Glück. Wenn Sie sich selbst verstehen, fällt Ihnen eine große Last von den Schultern. Dadurch können Sie alle schädlichen Gedanken loslassen, an denen Sie sonst festhalten, Ihre Auslöser erkennen und starke Grenzen, um Ihren Geist zu kontrollieren aufbauen. Dieses Maß an Selbsterkenntnis ermöglicht es Ihnen, Ihr Glück bewusst zu wählen und Ihren Geist, Ihre Seele und Ihren Körper zu nähren.

Nehmen Sie sich einen Moment Zeit, um darüber nachzudenken, wie Sie Ihr Selbstwertgefühl ermitteln können. Reden Sie sich manchmal nach einem schlechten Arbeitstag ein, dass Sie niemals wieder erfolgreich sein werden? Fühlen Sie sich den ganzen Tag schlecht, wenn Sie morgens einen aufgeblähten Bauch bemerken? Vielleicht sagen Sie sich, dass niemand Sie jemals lieben wird, wenn Sie nicht erfolgreich sind.

Vielleicht haben Sie noch nie darüber nachgedacht, wie Sie Ihren Selbstwert einschätzen, aber vielleicht haben Sie festgestellt, dass sich Ihre Meinung über sich selbst mehrmals am Tag ändern kann. Sie werden nie ein ganz stabiles Selbstwertgefühl haben - das für die geistige und emotionale Gesundheit notwendig ist - wenn Sie Ihren persönlichen Wert von zufälligen Faktoren wie Ihrem Reichtum, Ihrem Aussehen oder der Anzahl Ihrer Freunde abhängig machen. Stattdessen werden

Sie sich immer, wenn Sie die Standards erfüllen, die Sie sich selbst gesetzt haben, sehr glücklich fühlen und einen Nervenzusammenbruch erleiden, wenn Sie Ihre Ziele nicht erreichen.

Es gibt verschiedene Möglichkeiten, um Ihren Selbstwert zu bestimmen, von denen viele schädlich sind. Hier sind einige der am weitesten verbreiteten und ungesündesten Arten, wie Menschen ihren Wert im Leben zu bestimmen versuchen:

Erscheinungsbild

Wenn Sie sich jedes Mal unsicher fühlen, wenn die Zahlen auf der Waage steigen, wenn Sie sich selbst herabwürdigen, weil sich Ihre Jeans enger anfühlen als sonst, wenn Sie sich an Tagen, an denen Ihnen niemand Komplimente macht, schlecht fühlen, oder wenn Sie sich würdig fühlen, wenn jemand Ihre Bemühungen zur Gewichtsabnahme oder -zunahme bemerkt, dann messen Sie Ihren Wert wahrscheinlich an Ihrem Aussehen.

Sie sind in Wirklichkeit so viel mehr als nur ein Gesicht und ein Körper. Körper sind nur Gefäße, durch die die Seelen das Leben erfahren. Gutes Aussehen kann manchen Menschen das Leben sicherlich sehr erleichtern und Ihnen einen Vorteil verschaffen. Aber wenn Sie hübsch aussehen, bringt Sie das nur bedingt weiter.

Außerdem verändert sich der Körper im Laufe des Lebens drastisch - und das gute Aussehen verblasst mit der Zeit. Wenn Sie Ihr Selbstwertgefühl weiterhin an Ihr Aussehen knüpfen, können sich der Umgang mit Falten, grauem Haar oder Haarausfall, die alle mit dem Altern einhergehen, wie das Ende der Welt anfühlen.

Wenn Sie Menschen fragen, warum sie ihre Freunde lieben, werden sie sagen, dass sie sie lieben, weil sie großzügig, freundlich, mitfühlend, loyal, hilfsbereit, fürsorglich oder lustig sind. Niemand liebt seinen Freund, nur weil er den „perfekten Körper" oder perlweiße Zähne hat. Die Menschen umgeben sich gerne mit Freunden und Familienmitgliedern, die *gut für ihren Geist* sind.

Sofern sie nicht sehr oberflächlich sind, wird es Ihren Freunden egal sein, wie Sie aussehen. Und wenn es ihnen doch wichtig ist, dann wollen Sie sie wahrscheinlich sowieso nicht in Ihrem Leben haben. Wenn Sie sterben, wird niemand sagen: „Oh, ich vermisse dich so sehr. Du hattest einen flachen Bauch und eine reine Haut." Die Menschen werden sich an den *Einfluss erinnern,* den Sie auf ihr Leben hatten.

Reichtum

Manche Menschen knüpfen ihr Selbstwertgefühl an ihren materiellen Besitz und die Menge an Geld, die sie verdienen. Nehmen wir an, Sie sind in einem finanziell instabilen Haushalt oder in einer Gemeinschaft aufgewachsen, die den Erfolg einer Person auf der Basis von deren Reichtum definiert. In diesem Fall könnten Sie das Gefühl haben, dass Ihr Erfolg im Leben an der Höhe der Summe auf Ihrem Bankkonto oder an dem Auto, das Sie fahren, gemessen wird und dass all diese Faktoren Ihren tatsächlichen Wert bestimmen.

Das kann dazu führen, dass Sie glauben, dass Ihr finanzieller Status das Wichtigste im Leben ist, und dass Sie den Blick für das Wesentliche verlieren. Wenn Sie einen Job haben, der nicht Ihrer Definition von finanziellem Erfolg entspricht, oder wenn Sie finanziell schwierige Zeiten durchleben, könnten Sie sich wertlos und unzulänglich fühlen. Vielleicht haben Sie sogar oft Angst davor, Ihren Kontostand zu überprüfen oder Ihre Finanzen zu kontrollieren.

Ihr Einkommen, Ihr Auto, Ihre Uhr und Ihre Designerkleidung sind aber keine rationalen Mittel, um die Anerkennung und Akzeptanz der Gesellschaft zu gewinnen. Gute persönliche Werte und Moral sind das, was Ihnen die Liebe und den Respekt Ihrer Gemeinschaft einbringt. Ihr Erfolg sollte durch Ihr eigenes Glück und Ihr persönliches Wachstum und Ihre Entwicklung definiert werden. Wenn Sie wirklich glücklich sind mit dem, was Sie sind, und mit allem, was Sie tun, dann sind Sie der Hälfte der Bevölkerung bereits voraus. Erfolg bedeutet nicht viel, wenn Sie unglücklich sind.

Sie werden sich nie gut genug fühlen, wenn Sie Ihr Selbstwertgefühl weiterhin auf Ihren Nettowert stützen. Unabhängig davon, wie viel Geld die Menschen verdienen, suchen sie oft nach Möglichkeiten, mehr zu verdienen. Selbst die reichsten Menschen der Welt sind immer auf der Suche nach Möglichkeiten, ihren Reichtum zu vergrößern. Deshalb werden Sie sich immer unzureichend fühlen, wenn Sie Ihren Erfolg und Ihren Wert an Geld festmachen.

Soziales Netzwerk

Viele Menschen stützen ihr Selbstwertgefühl auf die Menschen, die sie kennen, weil sie glauben, dass ihr sozialer Kreis ihre Leistungen, ihre Persönlichkeit, ihren Reichtum, ihr Prestige und ihre Qualitäten widerspiegelt. Jeder tappt in die Falle, sich mit dem sozialen Status und dem Ansehen anderer Menschen zu vergleichen, und viele

Gesellschaften verbinden den sozialen Kreis einer Person mit ihrem Wert und Erfolg.

Ihr Ruf und Ihr sozialer Status können unbestreitbar von den Menschen beeinflusst werden, in deren Gesellschaft Sie Ihre Zeit verbringen. Jim Rohn hat einmal gesagt: *„Sie sind der Durchschnitt der fünf Menschen, mit denen Sie die meiste Zeit verbringen."* Ihr soziales Umfeld kann Ihr Verhalten und Ihre Einstellung zum Leben beeinflussen. Verbringen Sie Zeit mit Menschen, zu denen Sie aufschauen, weil Sie von ihnen lernen wollen und nicht, weil Sie sich selbst loben und gut fühlen wollen.

Wenn Sie Ihr soziales Netzwerk als Maßstab für Ihren Selbstwert verwenden, suchen Sie nach sozialen Verbindungen, die nicht echt sind, was Ihre Beziehungen mit der Zeit ruinieren kann. Ihr Selbstwert und Ihre Lebensziele sollten sich aus Ihren Beiträgen für die Welt ableiten und nicht auf den Leistungen anderer basieren.

Sobald Sie diese Verbindungen verlieren, werden Sie sich verloren und wertlos fühlen. Wenn Sie sich wertvoll fühlen, nur weil Sie es mit einflussreichen oder wichtigen Menschen zu tun haben, ist das eines der schädlichsten Dinge, die Sie sich selbst antun können. Es führt dazu, dass Sie ein falsches Leben führen und am Ende werden feststellen müssen, dass Sie nichts über sich selbst wissen und es im Leben zu nichts gebracht haben. Bemühen Sie sich, die Qualitäten, die Sie an Ihren sozialen Kontakten bewundern, in Ihrem eigenen Verhalten widerzuspiegeln. Lernen Sie von ihnen, aber fühlen Sie sich nicht wertvoll, nur weil Sie tolle Freunde haben. Sie werden niemals die Bewunderung und den Respekt aller erhalten, egal wer Ihr bester Freund oder Ihr Verwandter ist.

Karriere

Viele Gesellschaften beurteilen den Erfolg und den Wert eines Menschen anhand seiner beruflichen Laufbahn. In einigen asiatischen und arabischen Ländern sind einige Eltern beispielsweise stolz darauf, dass ihre Kinder Ärzte und Ingenieure werden und beschämen diejenigen, die ihre Kinder auf eine Handels- oder Kunstschule gehen lassen. Die sogenannte „Hustle-Kultur" fördert auch die Vorstellung, dass Ihr persönlicher Erfolg mit Ihrer Karriere, Ihrer Produktivität und Ihrem Arbeitseinsatz zusammenhängt. Wenn Sie mit einer ähnlichen Denkweise aufgewachsen sind, verknüpfen Sie Ihr Selbstwertgefühl gegebenenfalls eng mit Ihrem Berufsleben.

Ihre Karriere könnte demnach für Sie die wichtigste Quelle für ein Gefühl von Erfüllung, Sinn und Identität sein. Wenn Sie Komplimente von Ihrem Chef oder Ihren Kollegen erhalten und befördert werden, kann das Ihr Selbstwertgefühl und Ihre Selbstachtung verbessern. Andererseits können sich karrierebezogene Probleme katastrophal anfühlen.

Wenn Sie Ihr Selbstwertgefühl von Ihrem beruflichen Erfolg abhängig machen, kann das schnell zu Burnout führen. Das liegt daran, dass Sie Ihrer Arbeit immer den Vorrang geben und die Grenzen zwischen Ihrem Privat- und Berufsleben verwischen. Dies wirkt sich dann negativ auf Ihre Beziehungen aus, führt dazu, dass Sie Ihre Selbstfürsorge vernachlässigen und sich von Ihren Hobbys und anderen Aspekten, die Ihre eigentliche Identität ausmachen, zunehmend abwenden.

Sie schränken sich aber selbst ein, wenn Sie zulassen, dass Ihre Karriere Ihren Wert bestimmt. Sie werden dadurch lediglich das Gefühl haben, etwas beruflich erreichen zu müssen, um sich bestätigt zu fühlen. Das hält Sie davon ab, andere Bereiche Ihres Lebens zu verbessern und Dingen nachzugehen, die Ihnen mehr Erfüllung verschaffen können. Dadurch können Sie auch andere wertvolle Erfahrungen verpassen, die zu Ihrem persönlichen Wachstum und Ihrer Entwicklung beitragen.

Dass sich Pläne einfach auf morgen verschieben lassen ist nicht garantiert. Eine globale Krise wie die Coronavirus-Pandemie, ein persönliches Gesundheitsproblem oder ein wirtschaftlicher Abschwung können sich beispielsweise negativ auf Ihre Karriere auswirken oder ihr sogar ein Ende setzen. Wenn Sie Ihr Selbstwertgefühl an etwas so Unbeständiges wie Ihren Job binden, kann das Ihr Gefühl für Sinn und Identität zerstören.

Errungenschaften

Erfolge und Errungenschaften geben Menschen das Gefühl, dass sie von ihren Mitmenschen anerkannt und bestätigt werden. Erfolge gelten als Beweis dafür, dass jemand talentiert, geschickt und fleißig ist, was normalerweise das Selbstwertgefühl und das Gefühl von Stolz bei der Person stärkt. Leistungen werden in fast allen Bereichen der Welt belohnt. Sportler erhalten Medaillen, Studenten erhalten Zeugnisse oder Stipendien, und Angestellte erhalten Lohnerhöhungen oder Beförderungen. Familienmitglieder prahlen mit den Errungenschaften der anderen und jeder Mensch in Ihrem Umfeld gratuliert Ihnen plötzlich und ist stolz darauf, Sie zu kennen, wenn Sie sich mit einer besonderen Leistung hervorgetan haben. Aus diesem Grund fühlen sich viele Menschen am würdigsten, wenn sie etwas im Leben erreicht haben.

Wenn Sie Ihr Selbstwertgefühl jedoch an Ihre Leistungen binden, können Sie sich dadurch unter Druck gesetzt fühlen, und das Gefühl haben, etwas erreichen zu müssen, um für Ihre Arbeit anerkannt zu werden. Das führt dazu, dass Sie sich der Welt beweisen wollen, was zu erheblichen Selbstzweifeln beiträgt, wenn Sie Rückschläge erleben. Nehmen wir beispielsweise an, Sie haben Ihre Arbeit ursprünglich geliebt und fühlten sich dabei glücklich und erfüllt. In solchen Fällen kann Ihre Leidenschaft zu einer Quelle von Druck und Stress werden, sobald Sie übermäßig hohe Erwartungen an sich selbst stellen.

Sie könnten in der Folge Versagensängste entwickeln, wenn Sie Ihre Erfolge als Maßstab für Ihren Selbstwert nehmen. Mit der Zeit werden Sie feststellen, dass Fehler und Schwierigkeiten Ihrem Selbstwertgefühl einen schweren Schlag versetzen. Das setzt Sie fest und hält Sie davon ab, potenziell fruchtbare Risiken einzugehen und neue Chancen zu ergreifen. Sie werden nie lernen und persönlich wachsen, wenn Sie in Ihrer Komfortzone bleiben.

Ihre Erfolge hängen nicht nur von Ihren persönlichen Fähigkeiten und Stärken ab. Oft können Ihre Bemühungen auch durch externe Faktoren gestört werden. Die Meinungen anderer, bestimmte Umstände und die Leistung konkurrierender Unternehmen können die Dynamik verändern. Sie werden nicht immer in allem der Beste sein. Wenn Sie das nicht akzeptieren, werden Sie nie aufhören zu kämpfen.

Wie Sie Ihre negativen Selbstzweifel reduzieren können

Identifizieren Sie Ihre Gedanken und Gefühle

Jetzt, da Sie eine bessere Vorstellung davon haben, wie Sie Ihren Selbstwert messen können, ist es an der Zeit, Ihre Gedankenmuster zu identifizieren. Wann immer Sie sich schlecht fühlen oder negative Selbstgespräche führen, führen Sie einfach eine Reihe von Selbstbefragungen durch. Nehmen Sie sich ein paar Minuten Zeit, um sich zu beruhigen und sich auf Ihre Gefühle zu konzentrieren. Wo in Ihrem Körper spüren Sie die Frustration, die Angst oder das negative Gefühl? Beschreiben Sie, wie es sich anfühlt und erforschen Sie die begleitenden Gedanken.

Fragen Sie sich, ob Ihre Gedanken und die Aussagen, die Sie über sich selbst getroffen haben, wirklich der Wahrheit entsprechen. Fragen Sie sich dann, woher diese Gedanken stammen. Entstammen sie Ihren eigenen Überzeugungen oder wurden sie durch die Worte oder Handlungen eines anderen beeinflusst? Stellen Sie fest, ob Ihre Gedanken auf soliden Fakten oder nur auf Emotionen beruhen. Gibt es irgendwelche Beweise dafür, dass diese Gedanken der Wahrheit entsprechen? Welche Indizien sprechen dafür, dass sie falsch liegen? Was können Sie tun, um die Richtigkeit dieses Gedankens zu überprüfen? Überlegen Sie, warum dieser Gedanke Sie beunruhigt oder ängstlich macht. Was ist das Schlimmste, was passieren könnte, wenn das Szenario, vor dem Sie sich Sorgen machen, eintritt oder wenn sich Ihre Überzeugungen als wahr erweisen?

Wann immer Sie Aussagen in Ihrem Kopf über sich selbst machen, dämpfen Sie deren Wirkung, indem Sie sich bewusstmachen, dass es sich lediglich um Gefühle handelt. Wenn Sie zum Beispiel glauben, dass es Ihnen an Stärke oder Belastbarkeit mangelt, ändern Sie die Aussage von „Ich bin schwach" zu „Ich fühle mich schwach". Beachten Sie dabei die veränderte Wirkung, die durch die neue Betonung entstanden ist. Diese einfache Umformulierung rückt die Dinge ins rechte Licht.

Wenn Sie sich sagen, dass Sie schwach sind, verstärken Sie negative Vorstellungen über sich selbst. Sie sagen es sich im Kopf so, als sei es eine Tatsache und machen es sich damit schwerer, gegen das Gefühl anzugehen. Wenn Sie es jedoch wie ein bloßes Gefühl ausdrücken, erkennen Sie dadurch, dass es sich nur um ein Gefühl handelt, das nicht unbedingt der Wahrheit entspricht. Wenn Sie sich von der Beschreibung trennen und erkennen, dass dieses Adjektiv Sie nicht beschreibt, können Sie herausfinden, warum Sie so fühlen, und verstehen, was hinter Ihren Selbstzweifeln steckt.

Akzeptieren Sie Ihre Gefühle

Nehmen Sie diese Gefühle für sich selbst wahr, ohne sich mit ihnen auseinanderzusetzen. Verurteilen oder verfälschen Sie sie nicht - akzeptieren Sie sie einfach so, wie sie sind. Weinen Sie, wenn Ihnen danach ist, spüren Sie die Spannung in Ihrem Körper und atmen Sie tief durch. Meditieren Sie über vergangene Situationen, in denen Sie sich schlecht gefühlt haben und denken Sie darüber nach, warum Sie diese Gefühle hatten.

Es ist nicht leicht, Selbstzweifel zu akzeptieren, aber es ist ein wichtiger und notwendiger Schritt, wenn Sie Frieden finden und diese Emotionen ein für alle Mal loslassen wollen. Sie können nicht von Zweifeln ablassen, die Sie nicht akzeptieren. Das Beste, was Sie tun können, ist, alles zu verdrängen, was später zusätzliche Probleme schafft.

Neue Wahrheiten generieren

Nachdem Sie diese Überzeugungen erstmal akzeptiert haben, sollten Sie üben, Ihre Gedanken neu zu formulieren und sie in konstruktivere Gedanken umzuwandeln. Untermauern Sie Ihre neuen Wahrheiten dabei mit Beweisen und durch logisches Denken und glauben Sie wirklich an das, was Sie sich sagen.

Statt sich zu sagen „Ich fühle mich schwach" können Sie sich zum Beispiel sagen: „Ich bin nicht schwach. Ich erlebe im Moment nur eine schwierige Phase. Ich habe eine Trennung, familiäre Probleme, Probleme bei der Arbeit usw. durchgemacht, die mich sehr belasten können. Ich akzeptiere meine Gefühle und glaube, dass ich gestärkt aus dieser Situation hervorgehen werde."

Das Anerkennen Ihrer Gefühle und ein Verständnis dafür, wo diese herkamen, lenkt Ihre Aufmerksamkeit auf Ihre Stärken und positiven Eigenschaften. Sie beginnen dadurch aktiv nach Gründen dafür zu suchen, dass Ihre negativen Überzeugungen über sich selbst gar nicht wahr sind.

Erinnern Sie sich an Ihre neue Überzeugung

Wiederholen Sie diese neue Überzeugung im Geiste so oft Sie können. Tun Sie so, als sei sie eine Affirmation, damit Ihr Unterbewusstsein damit beginnt, jedes Wort zu glauben und diese Wahrheit zu akzeptieren. Achten Sie auf die Unterschiede in der Gefühlshaltung, die sich bei Ihnen einstellt, wenn Sie positiv über sich selbst sprechen, anstatt wenn Sie negative Überzeugungen vertreten. Fragen Sie sich, bei welchen Gedanken Sie sich besser fühlen und welche Einschätzungen für Sie glaubwürdiger klingen.

So merken Sie, dass Ihre neuen Überzeugungen eher der Wahrheit entsprechen, denn wenn Sie wirklich schwach, unfähig oder nicht liebenswert wären, hätten Sie niemals einen Mangel an diesen Eigenschaften bei sich bemerkt und sich dafür kritisiert. Tatsächlich handelt es sich bei diesen Emotionen nur um Gefühle, die aufkommen, wenn Sie gerade eine schwere Zeit durchmachen.

Vielleicht bemerken Sie durch diese Übungen einen großen Unterschied oder vielleicht haben sie zu Anfang kaum eine Wirkung. Mit der Zeit werden Sie jedoch diese neuen Wahrheiten über sich selbst akzeptieren und nach diesen Prinzipien leben. Die positive Stimme wird dadurch allmählich zur dominanten Stimme in Ihrem Kopf werden.

Leiten Sie Ihre neuen Gedanken in die richtige Richtung

Tun Sie etwas Konstruktives oder Kreatives mit Ihren neuen Gedanken und Gefühlen. Tun Sie alles, was Ihre Überzeugungen stärkt und Ihre neuen Gefühle effektiv zum Ausdruck bringt. Das wird Ihnen helfen, diese Wahrheit in Ihrem Geist, in Ihrem Körper und in Ihrem Leben zu verankern. Das Ziel ist es dabei, zu erkennen, dass Sie sich immer würdig fühlen sollten, unabhängig von den Situationen, die Sie erleben müssen. Sie können zeichnen, malen, tanzen, schreiben, singen oder Sport treiben - was immer sich für Sie natürlich und gut anfühlt. Es ist oft auch hilfreich, diese Aktivität durchzuführen, wenn Sie negative Gedanken oder Gefühle bei sich bemerken. Diese können als Erinnerung daran dienen, dass diese Negativität Sie nicht definiert.

Der Körper erschafft Erinnerungen, derer Sie sich nicht mal bewusst sind. Wenn Sie Ihre Gedanken und Gefühle in konstruktive Bahnen lenken, kann Ihr Körper dadurch die zugehörigen positiven Assoziationen erzeugen. Sie werden sich dadurch sofort besser fühlen, wenn Sie heilende Aktivitäten wie Kunst, Yoga und Atemübungen mit positiven Emotionen in Verbindung bringen.

Sie müssen Ihrem Gehirn dabei aber nicht verbieten, sich negative Gedanken zu machen. Sie können sich stattdessen einfach mit diesen Gedanken auseinandersetzen und sie fühlen. Tragen Sie sie mit sich mit und drücken Sie sie durch das von Ihnen gewünschte Ventil aus. Ihr Körper wird die guten Gefühle, die mit dieser Übung verbunden sind, sofort aufnehmen.

Das Unterdrücken und Ignorieren von Negativität macht es Ihnen schwieriger, sie als solche zu erkennen. So kann es geschehen, dass sich die Gedanken lange in Ihrem Unterbewusstsein festsetzen und sich dort weiter zusammenbrauen. Indem Sie konstruktive Aktivitäten in Ihre tägliche Routine einbauen, ermutigen Sie Ihr Gehirn, die neuen positiven Wahrheiten über Sie selbst hervorzuheben. Die positiven Überzeugungen werden auf diese Weise schließlich zu Ihren Hauptgedanken.

Wie Sie Ihren Selbstwert messen und ändern können

Erstellen Sie sich eine Liste mit all Ihren Fähigkeiten und Talenten

Jeder hat mehrere positive Eigenschaften, die er einbringen kann. Vielleicht sind Sie zum Beispiel ein erstaunlicher Künstler, ein talentierter Sportler oder ein großartiger Kommunikator. Unterschätzen Sie Ihre Fähigkeiten nicht. Vielleicht denken Sie, dass die Dinge, in denen Sie gut sind, für andere gar nicht so beeindruckend sind. Aber etwas so Einfaches wie das Vorstellen einer hervorragenden Präsentation oder ein Talent dazu, anderen ein guter Verhandlungspartner zu sein, ist nicht für jeden eine Selbstverständlichkeit. Diese Fähigkeiten und Stärken können Ihnen im Alltag sehr helfen, vor allem dann, wenn Sie sich durchsetzen oder einen wichtigen Deal abschließen müssen. Denken Sie also darüber nach, was Sie der Welt zu bieten haben, und ziehen Sie einen Vorteil aus Ihren Fähigkeiten.

Üben Sie sich in der Selbstvergebung

Üben Sie sich in Selbstvergebung und seien Sie nachsichtig mit sich selbst wegen all Ihrer Fehler und Unzulänglichkeiten, derer Sie sich in der Vergangenheit schuldig gemacht haben. Sie sollten verstehen, dass Misserfolge für das persönliche Wachstum und die Entwicklung notwendig sind. Arbeiten Sie also daran, Schuld und Scham loszulassen und bauen Sie stattdessen eine positive, mitfühlende Beziehung zu sich selbst auf.

Gehen Sie gelegentlich Risiken ein

Lassen Sie sich nicht von Ihrer Angst vor dem Versagen und eine geringe Risikobereitschaft davon abhalten, neue Chancen zu ergreifen. Hören Sie auf, an Ihren Fähigkeiten zu zweifeln. Sie sind dazu in der Lage, Herausforderungen anzunehmen und sich an dramatische Veränderungen in Ihrem Leben anzupassen. Ergreifen Sie jede Chance, die es Ihnen ermöglicht, eine bessere Version Ihrer selbst zu werden.

Arbeiten Sie an Ihrer Selbstliebe

Lernen Sie, sich selbst so zu lieben, was Sie sind, ungeachtet Ihrer negativen Eigenschaften. Arbeiten Sie daran, Ihre Gedankenprozesse zu verbessern oder negative Eigenschaften loszuwerden, anstatt sich anzugreifen oder mit Selbstzweifeln zu plagen.

Wenn Sie dazu in der Lage sind, Ihr Selbstwertgefühl zu steigern, beeinflusst dies auch Ihre Lebensqualität. Ungesunde Maßstäbe und Ansprüche können Ihre geistige, emotionale und körperliche Gesundheit beeinträchtigen. Wenn Sie hingegen akzeptieren, dass Sie unabhängig von Ihrem Aussehen, Ihrem Job, Ihrem Kontostand, Ihrem sozialen Umfeld und anderen materiellen Dingen einen persönlichen Wert haben, verhilft Ihnen diese neue Einstellung zu einem Gefühl der Erfüllung und einem besseren Selbstwertgefühl. Dadurch ermöglichen Sie sich mehr Zufriedenheit mit Ihrem Leben.

Kapitel 4: Das Drehbuch ändern: Wie Sie Ihren Geist umprogrammieren

Dieses Kapitel befasst sich mit dem Thema der kognitiven Umprogrammierung und erklärt die Vorteile dieser Methode. Im Folgenden werden Sie die schädlichen kognitiven Verzerrungen kennenlernen, die viele Menschen häufig erleben, und mehr dazu erfahren, wie diese sich manifestieren. Sie erfahren außerdem mehr dazu, was Neuroplastizität ist, wie Sie sie bei sich verbessern können und wie sie Ihnen dabei helfen kann, Ihre Denkmuster neu zu strukturieren. Schließlich lernen Sie fünf einfache, aber wirksame Methoden kennen, die Ihnen dabei helfen, Ihre Gedanken neu zu ordnen.

Die Umprogrammierung Ihres Geistes kann Ihnen dabei helfen, Ihre Denkmuster neu zu strukturieren.

Kognitive Umprogrammierung

Ihre Gedanken bestimmen, wie Sie die Welt um sich herum wahrnehmen, und können Ihr Verhalten daher stark beeinflussen. Oft sind Gedankenmuster das Ergebnis bestimmter Überzeugungen, weshalb sie zu ungesunden Emotionen und Reaktionen führen können. Wenn Sie zum Beispiel glauben, dass Sie für einen Beruf nicht qualifiziert genug sind, werden Sie ständig daran denken, dass Sie möglicherweise Ihren Job verlieren oder negative Bewertungen erhalten könnten. Dies kann dann Emotionen wie Frustration und Stress hervorrufen und sogar zu Angstzuständen und anderen psychologischen Störungen führen. Diese behindern Ihre Konzentrationsfähigkeit und hindern Sie daran, bei der Arbeit Ihr Bestes zu geben. Dadurch wird Ihre Angst davor, nicht gut genug zu sein, noch zusätzlich verstärkt.

Kognitive Umprogrammierung beschreibt einen Prozess, bei dem Sie Ihre Gedanken neu ordnen, um Ihre Wahrnehmung bestimmter Ereignisse und Situationen zu ändern. Dabei müssen Sie negative Denkmuster durch positivere und konstruktivere Gedanken ersetzen. Wenn Sie dies lange genug tun, werden Ihre neuen Gedanken schließlich zu Ihrer Standard-Denkweise und verbessern so Ihre geistige und emotionale Gesundheit und Stimmung.

Dieser Prozess erfordert aber auch, dass Sie an Ihrer Selbstwahrnehmung arbeiten und Ihre Aufmerksamkeit auf Ihre Gedankenmuster in andere Bahnen lenken. Auf diese Weise können Sie schädliche Gedanken erkennen, sobald sie sich in Ihrem Geist formieren, so dass Sie dann frühzeitig gegen Sie angehen können. Je länger Sie negative Gedanken in Ihrem Kopf schmoren lassen, desto mehr Einfluss und Macht haben diese später auf Ihre Wahrnehmung, Ihre Stimmung, Ihr Verhalten und Ihre Gefühle.

Sie können Ihre Stressreaktion auch durch kognitive Umprogrammierung verändern. Stress wird mit einem hohen Cortisolspiegel und der Auslösung einer Kampf-oder-Flucht-Reaktion im Körper in Verbindung gebracht. Jede Situation, die Sie als leicht bedrohlich empfinden, löst eine solche Stressreaktion aus. Zum Beispiel kann sich dadurch Ihr Herzschlag erhöhen, Sie können anfangen zu schwitzen oder schwerer zu atmen, oder Sie können anfangen zu frösteln, weil dies die Art und Weise ist, wie Ihr Körper mit einem hohen Grad an Stress umgeht.

Wenn Sie lernen, Ihre Gedanken auf diese Weise neu zu ordnen, können Sie Ihr Stressniveau dadurch in Schach halten, und Ihre Stressreaktion entsprechend verringern. Diese Technik hilft Ihnen dabei, sich zunehmend zu entspannen und ermutigt Sie dazu, die Situation von einer neuen Perspektive aus zu betrachten.

Wenn Sie sich mit Ihren negativen Gedanken auseinandersetzen, hilft es Ihnen außerdem, die Art der kognitiven Verzerrung zu identifizieren, die Sie in einem bestimmten Moment erleben. Kognitive Verzerrungen sind irrationale Denkmuster, die sich negativ auf Ihr allgemeines Wohlbefinden auswirken können. Es gibt verschiedene Arten von kognitiven Verzerrungen, die viele Menschen jeden Tag erleben. Eine starke Neigung zu diesen Denkmustern kann jedoch auch zu anhaltenden negativen Gefühlen und unerwünschten Verhaltensweisen führen und ist daher mit mehreren psychischen Erkrankungen verbunden. Wenn Sie die verschiedenen kognitiven Störungen verstehen, können Sie besser erkennen, wann sie auftreten, so dass Sie sie folglich in positivere Gedanken umwandeln können.

Im Folgenden finden Sie einige der häufigsten kognitiven Verzerrungen, die Menschen erleben:

Alles-oder-Nichts-Denker

Diese Art der kognitiven Verzerrung ist durch die Tendenz gekennzeichnet, nur zwei mögliche Blickwinkel in einer bestimmten Situation wahrzunehmen. Alles-oder-Nichts-Denker glauben, dass das Ergebnis einer Situation entweder brillant sein wird und das alles ihren Vorstellungen entsprechen wird oder dass alles schrecklich ausgeht und das schlimmste mögliche Szenario eintritt.

Es gibt nur sehr wenige Situationen im Leben, in denen man etwas tatsächlich als absolut gut oder erfolgreich oder als absolut schlecht oder misslungen bezeichnen kann. Die meisten Situationen bewegen sich in einem Spektrum, das von verschiedenen Faktoren bestimmt wird, die die Ergebnisse der Situation und die Wahrnehmung der Menschen beeinflussen. Menschen, die mit einer Alles-oder-Nichts-Einstellung leben, übersehen derartige Nuancen in der Regel und durchlaufen im Geiste übertriebene Denkmuster, wenn das Best-Case-Szenario nicht eintritt. Ein Sportler, der bei einem einzigen Wettkampf nicht so gut abschneidet, wie er erwartet hatte, denkt folglich vielleicht, dass er es in seinem Leben nie zu etwas bringen wird.

Vermeintliches Gedankenlesen

Diese kognitive Verzerrung tritt vor allem bei Menschen auf, die mit sozialen Ängsten zu kämpfen haben. Das vermeintliche Gedankenlesen bedeutet, dass solche Menschen Annahmen über die Gedanken anderer treffen und versuchen zu erraten, was andere denken. Dabei wird in der Regel angenommen, dass die Gedanken anderer Menschen negativ sind, wobei diese Annahmen mit null bis wenig Beweisen untermauert werden. Menschen, die zu derartigen Denkmustern neigen, achten selbst auf die kleinsten verbalen und nonverbalen Hinweise und interpretieren sie meist als Zeichen dafür, dass die andere Person sich in ihrer Gegenwart langweilt, oder sogar verärgert oder frustriert ist.

Wenn jemand mit dieser kognitiven Verzerrung zum Beispiel bemerkt, dass sein Freund auf die Uhr schaut, könnte die andere Person dies als Zeichen dafür sehen, dass der Freund sich langweilt und gehen möchte. Wahrscheinlich gibt es aber auch andere Erklärungen für den Blick auf die Uhr. Schließlich schaut man gelegentlich ohne besonderen Grund auf die Uhr oder muss etwas auf die Zeit achten, weil man später einen Termin oder etwas Wichtiges zu erledigen hat.

Übergeneralisierung

Übergeneralisierung bezieht sich auf die Angewohnheit mancher Menschen, zu denken, dass das, was für eine bestimmte Situation gilt, für alle ähnlichen Situationen ebenso gilt. Sie denken beispielsweise vielleicht, dass alle Situationen zu den gleichen Ergebnissen führen, und diese Fehleinschätzung hält Sie davon ab, neue Möglichkeiten und Erfahrungen zu Ihrem Vorteil zu nutzen. Dies schränkt Ihr persönliches Wachstum und Ihre persönliche Entwicklung ein und beeinträchtigt Ihr berufliches und soziales Leben. Menschen, die zu sehr verallgemeinern, vermeiden es daher vielleicht, sich mit neuen Leuten zu treffen, weil sie einmal ein schlechtes erstes Date erlebt haben. Sie gehen demzufolge davon aus, dass sie nie jemanden finden werden, oder dass sie einfach nicht gut im Dating sind.

Mentales Filtern

Mentales Filtern beschreibt Denkmuster, bei denen jemand seine Aufmerksamkeit auf bestimmte Aspekte einer Situation fokussiert. Menschen, die zu dieser kognitiven Verzerrung neigen, richten ihre Aufmerksamkeit in der Regel auf alle negativen Aspekte und übersehen die guten Seiten einer Situation dabei völlig. Das führt dazu, dass sie denken, nichts sei zu ihren Gunsten ausgerichtet, und diese

Fehleinschätzungen machten Ihnen dann eine unrealistische Vorstellung von der Welt, was wiederum zu Undankbarkeit und einer negativen Denkweise führt. Wenn ein Schüler zum Beispiel eine einzige schlechte Note erhält, denkt er vielleicht, dass er akademisch für immer versagt hat. Dadurch werden all die Male, in denen der Schüler gute Noten für Tests und Aufgaben bekommen hat, die großartigen Projekte, an denen er gearbeitet hat, und die Menge an harter Arbeit, die er in sein Studium gesteckt hat, außer Acht gelassen.

Kognitives Umprogrammieren ermöglicht es den Menschen, diese Verzerrungen zu dekonstruieren und als Verfälschung zu erkennen. Dazu müssen Sie negative Denkmuster erkennen, sie ansprechen, und anschließend darüber nachdenken, warum Ihre Gedanken und Überzeugungen unrealistisch sind, um sie dann in positivere und rationalere Einschätzungen umzuwandeln.

Das kann zwar ein langer Prozess sein, der viel Konzentration, Mühe und Entschlossenheit erfordert, aber Sie können selbst aktiv daran arbeiten, Ihre Gedanken neu zu ordnen. Allerdings kann es sehr sinnvoll sein, sich an einen Psychologen zu wenden, insbesondere wenn Sie häufig mit negativen Gedanken zu kämpfen haben. Die kognitive Verhaltenstherapie (KVT) ist beispielsweise ein Ansatz, der speziell darauf ausgerichtet ist, Menschen dabei zu helfen, verzerrte Denkweisen zu erkennen und sie durch bessere und hilfreichere Denkmuster zu ersetzen. Die KVT wird häufig bei Depressionen, Drogenmissbrauch, Eheproblemen, Angststörungen, Essstörungen und anderen schweren psychischen Erkrankungen eingesetzt. Die meisten dieser Beschwerden werden durch kognitive Verzerrungen und andere ungesunde Denkmuster verursacht oder durch diese verschlimmert.

Nehmen wir einmal an, Sie möchten selbst mit dem kognitiven Umprogrammieren beginnen. In diesem Fall müssen Sie sich damit vertraut machen, wie kognitive Verzerrungen Ihre Wahrnehmung der Welt beeinflussen. So können Sie erkennen, mit welcher Art von kognitiver Verzerrung Sie es zu tun haben und diese genau dann erkennen, wenn sie sich erstmals zu manifestieren beginnt. Viele Strategien zur Förderung der Achtsamkeit, wie z.B. achtsames Tagebuchschreiben und Körperscans, ermöglichen es Ihnen, unerwünschte Gedanken zu bemerken, und zwar sobald sie auftauchen. Wenn Sie sich Ihre Gedanken aufschreiben, entsteht für Sie dadurch eine bessere Gelegenheit, über Ihre Denkmuster zu reflektieren und sich die Zeit zu nehmen, deren Realitätsverbindung zu hinterfragen. Sie können dies tun, bevor Sie sie umsetzen. Das Tagebuchschreiben und Körperscans können Ihnen dabei helfen, zwischen Ihren ursprünglichen und wahren Gedanken und den aufdringlichen Gedankenmustern zu unterscheiden.

Warum kognitive Umprogrammierung vorteilhaft ist

Kognitive Umprogrammierung kann Ihren Geist beruhigen und die Symptome von Stress und Angst dabei lindern. Wenn Sie schwierige Zeiten und stressige Ereignisse erleben, ist Ihre erste Reaktion vermutlich meist negativ. Wenn sie sich frustriert und überwältigt fühlen, tendieren die meisten Menschen zu einer negativen Sicht der Dinge. Wenn Sie sich negativen Gedankenmustern und wenig hilfreichen Denkweisen hingeben, kann das Ihre Stressgefühle aber noch verstärken. Wenn Sie hingegen lernen, Ihre Gedanken neu zu ordnen, können Sie aufdringliche Denkmuster loswerden und Ihre Emotionen besser regulieren, was Ihnen später helfen kann, Stress und Angstgefühle zu bewältigen.

Wenn Ihnen beispielsweise ein erstes Date bevorsteht, vor dem Sie Angst haben, könnten Ihre Gedanken zunächst zu all Ihren schlechten Erfahrungen in der Vergangenheit abschweifen. Sie könnten sogar negative Selbstgespräche führen und sich einreden, dass Sie alles vermasseln werden und dass die Person Sie nach dem ersten Treffen bestimmt nie wiedersehen will. Dadurch werden Sie noch ängstlicher und gehen mit der Erwartung, dass Sie alles vermasseln werden, zu Ihrem Date. Durch kognitive Umprogrammierung können Sie jedoch stattdessen konstruktivere Gedankenmuster annehmen. Sie werden durch diese erkennen, dass Ihre vergangenen Erfahrungen nicht über den Erfolg Ihres bevorstehenden Dates entscheiden können. Sie werden sich auch angewöhnen, wie Sie sich daran erinnern können, dass jeder Mensch vermutlich irgendwann in seinem Leben ein erfolgloses Date hat.

Kognitive Umprogrammierung kann aber auch Ihr Selbstvertrauen und Ihr Selbstwertgefühl stärken. Durch die Strategie stehen Ihnen Hilfsmittel zur Verfügung, um Ihre negativen Gedanken wirksam zu bekämpfen und selbstabwertende Gespräche zu vermeiden. Wenn Sie lernen, neutrale, realistische und sogar positive Gespräche mit sich selbst zu führen, werden Sie auch anfangen, Ihre Stärken und Fähigkeiten besser zu erkennen.

Wenn Sie mit einem geringen Selbstwertgefühl zu kämpfen haben, kritisieren Sie sich vielleicht oft und machen sich selbst schlecht. Was auch immer Sie sich selbst sagen, wird sich irgendwann als wahr erweisen. Ihr Unterbewusstsein wird Ihnen den Eindruck vermitteln, dass Sie unzulänglich sind oder dass Sie versagt haben. Ihre Körperhaltung und Ihr allgemeines Verhalten werden kein Selbstvertrauen ausstrahlen. Sie werden anfangen zu erwarten, dass Sie bei allem, was Sie tun, scheitern werden, was Sie davon abhält, die Dinge erst einmal richtig zu versuchen. Wenn Sie das Schlimmste erwarten, werden Sie auch das Schlimmste tun und die schlechtesten Ergebnisse erzielen, was den ursprünglichen negativen Gedanken dann noch verstärkt: „Ich bin ein Versager.“

Wenn Sie im Geiste aber stattdessen ständig positive Aussagen und Affirmationen wie „Ich bin immer genug“ und „Ich bin fähig, alles zu erreichen, was ich will“ durchgehen, werden Sie anfangen, an diese Aussagen zu glauben, und Ihr Verhalten wird sich entsprechend anpassen. Sie werden dadurch selbstsicherer und zeigen Zuversicht, eine Einstellung, die in vielen Situationen das Endergebnis positiv beeinflussen kann. Diese Einstellung trägt dazu bei, dass Sie sich motivierter fühlen und dazu in der Lage sind, härter zu arbeiten, damit Sie die gewünschten Ergebnisse erzielen.

Eine kognitive Umprogrammierung kann auch für Ihre sozialen Beziehungen von Vorteil sein. Indem Sie Ihre negativen Gedanken schneller erkennen und neu formulieren, hören Sie zukünftig auf, ungünstige Annahmen über andere zu treffen, und werden anderen Menschen gegenüber empfänglicher und offener. Sie werden zum Beispiel damit aufhören, auf alles zu achten, was andere Menschen tun, und deren Handlungen auch nicht mehr als Zeichen dafür werten, dass sie Ihnen gegenüber heimlich negative Gefühle hegen.

Nehmen wir einmal an, Sie haben mit kognitiven Verzerrungen und schlechter emotionaler Kontrolle zu kämpfen. In diesem Fall denken Sie vielleicht an, dass einer Ihrer Kollegen faul oder inkompetent ist, nur weil Sie ihn nicht mögen oder einen negativen ersten Eindruck von ihm hatten. Anstatt zu sehr über die andere Person zu urteilen, lehrt Sie die kognitive Umprogrammierung, dass es besser ist, Ihre ursprüngliche Wahrnehmung zu ändern und toleranter zu werden. Anstatt die Person für inkompetent zu halten, sagen Sie sich, dass sie wahrscheinlich ihr

Bestes gibt und nur noch lernen muss.

Kognitive Umprogrammierung kann auch eingesetzt werden, um mit Krankheiten und körperlichen Schmerzen umzugehen. Menschen, die mit chronischen Krankheiten und Schmerzen zu kämpfen haben, fühlen sich meist machtlos, hoffnungslos oder bemitleiden sich selbst ein wenig. Durch die kognitive Umprogrammierung können sie jedoch ihre Denkweise ändern, was sogar ihre Schmerzen lindern und ihr allgemeines Wohlbefinden steigern kann. Jemand, der unter chronischen Schmerzen leidet, könnte zum Beispiel denken, dass seine Krankheit ihn daran hindert, bestimmte Aspekte seines Lebens in vollen Zügen zu genießen. Wenn man seine Einstellung zu den Schmerzen umprogrammiert, stellt man schnell fest, dass man anfängt, besser mit den Schmerzen umzugehen und sich sogar dazu in der Lage fühlt, trotzdem Dinge zu tun, die man sich vorher nicht getraut hat.

Neuroplastizität

Kognitive Umprogrammierung wird vor allen Dingen durch die sogenannte Neuroplastizität möglich, d.h. durch die Fähigkeit des Gehirns, durch unterschiedliche Erfahrungen beeinflusst, angepasst und verändert zu werden. Dies beinhalten die Reorganisation, das Wachstum und die Umwandlung von neuronalen Netzwerken. Neuroplastizität könnte gleichzeitig aber auch das Ergebnis von Hirnschäden oder strukturellen Veränderungen sein, die im Gehirn aufgrund von verschiedenen Lernprozessen auftreten.

Der Begriff „Plastizität" wird mit der Anpassungsfähigkeit und Formbarkeit des Gehirns in Verbindung gebracht, während „Neuro" sich auf die grundlegenden Nervenzellen im Nervensystem und im Gehirn bezieht - die sogenannten Neuronen. Während man bis vor Kurzem glaubte, dass der Körper kurz nach der Geburt aufhört, Neuronen zu bilden, deuten neue Studien laut der Zeitschrift *Very Well Mind* darauf hin, dass das Gehirn auch später noch neue Neuronen bilden, seine bestehenden Bahnen neu anordnen und neue Verbindungen herstellen kann.

Die funktionelle und die strukturelle Plastizität gehören zu zwei verschiedenen Arten der Neuroplastizität. Erstere bezieht sich auf die Fähigkeit des Gehirns, Funktionen und Prozesse, die im Gehirn ablaufen, von geschädigten Zentren auf gesündere zu übertragen. Letztere ist die Fähigkeit des Gehirns, seine Struktur durch

Lernprozesse physisch zu verändern.

In ihren ersten Lebensjahren erleben Menschen eine Phase des schnellen kognitiven Wachstums. Bei der Geburt gibt es nur etwa 2.500 Synapsen in dem Teil des Gehirns, der als Großhirnrinde bekannt ist. Bis ein Kind drei Jahre alt wird, wächst diese Zahl auf schätzungsweise 15.000 an.

Es mag Sie jedoch überraschen zu erfahren, dass Erwachsene nur noch etwa 7.500 Synapsen pro Neuron haben, d.h. 50 % von dem, was sie in ihrer frühen Kindheit hatten. Das liegt daran, dass Sie im Laufe des Erwachsenwerdens neue Erinnerungen sammeln, Dinge lernen und verschiedene Erfahrungen machen. Durch diese Veränderungen werden einige Verbindungen im Gehirn gestärkt und andere vollständig abgebaut. Die Verstärkung und Beseitigung von Verbindungen, die mit dem Wachstum einhergehen, werden als sogenanntes synaptisches „Pruning" bezeichnet.

Natürlich haben die Neuronen, die Sie im Alltag am meisten benutzen oder auf die Sie sich am meisten verlassen, stärkere Verbindungen. Andererseits sterben Neuronen, die Sie selten benutzen oder die Sie nicht häufig zu brauchen scheinen, mit der Zeit ab. Ihr Gehirn passt sich an die Umstände und an jede bestimmte Umgebung an, indem es neue Verbindungen herstellt, bestehende Verbindungen stärkt und schwache Verbindungen beseitigt.

Die Neuroplastizität ist eine wichtige Eigenschaft des menschlichen Gehirns, denn sie fördert die Anpassung an äußere und innere Veränderungen, verbessert die Fähigkeit des Menschen, neue Dinge zu lernen, und ermöglicht es uns, unsere bereits vorhandenen kognitiven Fähigkeiten zu verstärken. Außerdem hilft sie dem Gehirn dabei, sich von schweren Erkrankungen wie zum Beispiel Schlaganfällen und Hirntraumata oder -verletzungen zu erholen, verbessert die Gehirnfunktionen und die Gesundheit und stärkt die Teile des Gehirns, die mit der Zeit nachgelassen haben.

Wie Neuroplastizität bei der kognitiven Umprogrammierung hilft

Die Neuroplastizität spielt eine Schlüsselrolle im Prozess der kognitiven Umprogrammierung, da sie das Gehirn dazu anregt, neue neuronale Bahnen aufzubauen und Verbindungen zu schaffen, wenn Menschen neue Denkmuster entwickeln und üben. Sie steuert den gesamten Prozess der kognitiven Umprogrammierung, von der Infragestellung alter und wenig hilfreicher Denkmuster bis hin zu deren

Ersetzung durch bessere und konstruktivere Gedanken. Bei ausreichender Übung stellt sich das Gehirn so sehr um, dass es die neu entwickelten Muster als neue Standard-Denkweise übernimmt. Der Prozess der Umprogrammierung findet statt, wenn das Gehirn bestimmte Verbindungen stärkt, andere stutzt oder loswird und dann neue neuronale Verbindungen schafft.

Achtsamkeitsübungen, ein wichtiger Aspekt der KVT und der kognitiven Umprogrammierung, können außerdem die kognitive Flexibilität einer Person verbessern und ihre Fähigkeiten zur Emotionsregulation steigern. Achtsamkeit und kognitive Methoden können die natürliche Fähigkeit des Gehirns, sich zu verändern und sich an bestimmte Reize und Hinweise anzupassen, unterstützen. Dadurch wird dann die kognitive Umprogrammierung verbessert und die Neuroplastizität erhöht.

Merkmale der Neuroplastizität

Das Alter der Menschen und deren Umgebung, spielen eine große Rolle dabei, wie sich die Neuroplastizität ausdrückt, obwohl sie zu jedem Zeitpunkt im Leben eines Menschen auftreten kann. Einige Formen der Plastizität treten in bestimmten Lebensabschnitten besonders häufig auf. In der frühen Kindheit, wenn das Gehirn noch wächst, entwickelt sich die Neuroplastizität von selbst.

Das Gehirn reagiert in der Regel besonders auf Veränderungen der Umwelt und ist in den ersten Lebensjahren empfindlicher als bei älteren Menschen. Mit anderen Worten: Während sich die Gehirne von Erwachsenen an Erfahrungen anpassen können, sind jüngere Gehirne reaktionsfähiger. Die genetische Veranlagung eines Menschen und die Art und Weise, wie er mit seiner Umgebung interagiert, beeinflussen ebenfalls die Plastizität seines Gehirns.

Diese Veränderungen finden während des gesamten Lebens eines Menschen statt und sind nicht auf Neuronen beschränkt. Sie betreffen auch andere Zellen des Gehirns, wie beispielsweise Gefäß- und Gliazellen. Das Gehirn ist dabei jedoch nicht vollständig anpassungsfähig. Einige Teile des Gehirns sind für bestimmte Funktionen wie das Sprechen, den Verstand und körperliche Bewegungen zuständig. Wenn Sie eine schwere Hirnverletzung erleiden, die einen der Schlüsselbereiche betrifft, können dadurch natürlich einige Funktionen beeinträchtigt werden. Während der Genesung ist es Ihnen einigen Fällen möglich, dass die gesunden Teile des Gehirns die

Funktionen bestimmter anderer betroffener Teile übernehmen können.

Verbesserung der Neuroplastizität

Sie können die Plastizität Ihres Gehirns verbessern, indem Sie Ihr Umfeld bereichern, nach Lernmöglichkeiten suchen und häufig neue Erfahrungen machen. Tun Sie dazu Dinge, die Ihren Fokus stimulieren und Ihre Problemlösungsfähigkeiten testen. Regelmäßige Herausforderungen und das Gefühl, etwas Neues erleben zu können, können die neuronalen Verbindungen stärken und zu wünschenswerten kognitiven Veränderungen führen.

Sie können dazu beispielsweise Abenteuer erleben und in neue Gegenden reisen, etwas lesen, sich kreativ betätigen (z.B. künstlerisch oder schriftlich), ein Instrument spielen oder eine neue Sprache sprechen lernen. Karten-, Brett- oder sogar Videospiele und Achtsamkeitsübungen können sich ebenfalls positiv auf die Neuroplastizität auswirken.

Es ist für das Gehirn unerlässlich, dass Sie gut ausgeruht sind und jede Nacht genügend Schlaf bekommen. Ausreichender Schlaf kann die Bereiche des Gehirns stärken, die für die Übertragung von Informationen zwischen den Neuronen verantwortlich sind, was die Plastizität wiederum verbessert. Wenn Sie auf eine gute Schlafvorbereitung achten, jeden Tag zur gleichen Zeit ins Bett gehen und aufstehen, anregende Aktivitäten vor dem Schlafengehen vermeiden und für eine ideale Schlafumgebung sorgen, können Sie dadurch Ihre allgemeine geistige und körperliche Gesundheit verbessern.

Wenn Sie sich ausreichend bewegen, verbessern Sie Ihre dadurch nicht nur Ihre körperliche Gesundheit, sondern auch Ihre kognitive Funktion. Regelmäßige körperliche Aktivität kann das Risiko eines Neuronenverlustes in Teilen des *Hippocampus*, dem Teil des Gehirns, der für Gedächtnis und Lernen zuständig ist, erheblich verringern.

Die körperliche Bewegung wirkt sich auf den neurotrophen Faktor des Gehirns aus, ein Protein, das das Nervenwachstum beeinflusst. Körperliche Aktivität stimuliert auch den Bereich des Gehirns, der für die motorische Kontrolle zuständig ist, die so genannten Basalganglien.

Wie Sie Ihre Gedanken neu strukturieren

Schritt 1: Üben Sie sich in Selbstbeobachtung

Wenn Sie ein bestimmtes Gedankenmuster ändern möchten, müssen Sie zunächst die damit verbundenen Gedanken und Gefühle bemerken. Treten Sie im Geiste einen Schritt zurück und analysieren Sie Ihre Gedanken und Ihre Umgebung, um besser zu verstehen, wann diese Gedanken auftauchen. Achten Sie darauf, welche Worte, Handlungen oder Situationen das Auftauchen dieser Gedankenmuster ausgelöst haben. Beobachten Sie Ihren Gedankengang sorgfältig und beginnen Sie, Zusammenhänge zwischen den verschiedenen Faktoren herzustellen.

Wenn Sie sich zum Beispiel oft so fühlen, als seien Sie ein Versager, achten Sie darauf, in welchen Situationen, Sie sich so fühlen. Beeinflussen beispielsweise die Worte oder Wahrnehmungen anderer Menschen Ihr Selbstwertgefühl oder entstehen diese Gedankenmuster in einem beruflichen oder akademischen Umfeld? Wenn ja, handelt es sich um etwas, das Ihr Chef oder Lehrer Ihnen gesagt hat, oder sind diese Gedanken in einem ganz anderen Kontext entstanden?

Wenn Sie die Auslöser der Gedanken verstehen, können Sie anschließend Maßnahmen ergreifen, um diesen entgegenzuwirken und Ihre Gedanken dadurch neu verdrahten.

Schritt 2: Stellen Sie Ihre Wahrnehmung in Frage

Wenn Sie Ihre Wahrnehmung in Frage stellen, kann diese eine wichtige Rolle beim Abbau von Stress- und Angstsymptomen spielen. Um Ihre Gedanken effektiv neu zu ordnen, müssen Sie zunächst deren Gültigkeit bestimmen. Stellen Sie fest, ob Ihre Gedanken auf Beweisen oder bloß auf Gefühlen beruhen und ob Sie die Möglichkeit haben, die Richtigkeit Ihrer Überzeugung zu überprüfen.

In den meisten Fällen stellt sich heraus, dass Ihre Gedanken übertrieben sind. Bestimmen Sie also die kognitive Verzerrung, mit der Sie es zu tun haben, und deren Auswirkungen auf Ihre Denkmuster. Wenn Sie zum Beispiel feststellen, dass Sie stets zu sehr verallgemeinern, werden Sie merken, dass Sätze wie „Ich bin ein Versager" übertriebene Aussagen sind.

Schritt 3: Suchen Sie nach Beweisen

Nun wissen wir, dass Ihre Gedanken manchmal irrational sind. An dieser Stelle sollten wir damit beginnen, nach Beweisen gegen diese falschen Überzeugungen zu suchen, um sie zu untergraben. Denken Sie dazu zum Beispiel an all die Male, die Sie Ihre Arbeit pünktlich abgegeben haben, an das positive Feedback, das Sie erhalten haben, und an die Komplimente, die Sie von Ihrem Kollegen und Ihrem Chef bekommen haben. Halten Sie sich nun noch immer für einen kompletten Versager?

Schritt 4: Führen Sie einen Kosten-Nutzen-Vergleich durch

Mit dieser Strategie gelingt es Ihnen, die Vor- und Nachteile der Aufrechterhaltung Ihrer negativen Gedankenmuster abzuwägen.

Fragen Sie sich zum Beispiel, ob Ihnen die kognitive Verzerrung körperlich und seelisch hilft.

Ermitteln Sie die möglichen langfristigen Auswirkungen/Folgen dieser kognitiven Verzerrung.

Stellen Sie fest, ob diese Gedanken Ihre Beziehungen zu anderen oder die Art und Weise, wie andere über Sie denken bestimmen? Wenn ja, fragen Sie sich auf welche Weise sie dies tun.

Fühlen Sie sich durch diese Gedanken tendenziell motiviert, oder werden Sie durch grundlose Sorgen eingeschränkt?

Schritt 5: Entwickeln Sie Alternativen

Da Sie nun wissen, dass Ihre Denkmuster Ihnen nicht immer weiterhelfen, ist es an der Zeit, nach hilfreichen Lösungsmöglichkeiten für Ihr Problem zu suchen. Wenn Sie zum Beispiel eine Frist verpasst haben, sollten Sie sich fragen, warum Ihnen das passiert ist. Haben Sie sich zu viel zugemutet? Gab es ein Problem mit Ihrem Zeitmanagement? Wie können Sie öfter „Nein" zu unangemessenen Anfragen sagen? Sollten Sie in derartigen Situationen gleich um eine Fristverlängerung bitten, falls die Arbeit für Sie zu viel war? Wie können Sie Ihre Zeit effektiver einteilen, falls es ein Problem mit dem Zeitmanagement gab?

Kognitive Umprogrammierung ist eine beliebte psychologische Strategie, bei der es darum geht, dass man negative Gedanken in konstruktivere Gedanken umwandelt, um seine Wahrnehmung von sich selbst und der Welt um einen herum positiv zu beeinflussen. Die dadurch entstehende kognitive Neuverdrahtung kann Stress- und

Angstsymptome lindern, Ihre zwischenmenschlichen Beziehungen verbessern, Ihr Selbstvertrauen stärken und Ihnen sogar dabei helfen, chronische Krankheiten und Schmerzen besser zu bewältigen.

57

Kapitel 5: Achtsamkeit: Wie Sie sich weniger Sorgen machen, indem Sie sich auf die Gegenwart konzentrieren

Die ständige Angst kann Ihr Lebensgleichgewicht negativ beeinflussen, wenn Sie keine Möglichkeit finden, um sich von Ihren Sorgen und Zweifeln zu befreien. Sie müssen sich also fragen, wie Sie sich aus diesem Teufelskreis am besten befreien können. Die Antwort ist einfach: Sie müssen an Ihrer Achtsamkeit arbeiten.

Bei der Achtsamkeit handelt es sich um eine Meditationsmethode, bei der Sie Ihren Gedanken und Erfahrungen große Aufmerksamkeit schenken, ohne sich dabei kritisch zu betrachten.

Dieses Kapitel befasst sich mit den verschiedenen Achtsamkeitsstrategien, die Ihnen dabei helfen können, mit Sorgen besser umzugehen und Ihre Konzentration auf die Gegenwart zu verbessern. Wenn Sie sich voll und ganz auf den gegenwärtigen Moment konzentrieren, werden alle Angstgefühle und all der Stress, mit denen Sie sonst vielleicht zu kämpfen haben, zunächst gemildert oder später sogar beseitigt. Sie lernen schnell praktische, wissenschaftlich untermauerte Hilfsmittel kennen, die Sie in Ihr tägliches Leben integrieren können.

Was ist Achtsamkeit?

Die Achtsamkeit beschreibt einen Geisteszustand, bei dem Sie sich ganz bewusst auf die Gegenwart einlassen, indem Sie sich mit Ihrem ganzen geistigen und körperlichen Wesen auf das konzentrieren, was in einem bestimmten Moment geschieht. Es geht also darum, Ihren Gedanken und Gefühlen Ihre ungeteilte Aufmerksamkeit zu schenken, und so zu erkennen, wann sie entstehen und zu lernen, wie Sie sie beobachten können, ohne ihnen dabei zu erlauben, den gesamten geistigen Raum in Ihrem Kopf einzunehmen.

Achtsamkeit und Meditation können Ihnen dabei helfen, übermäßiges Denken zu minimieren.

Sie können Achtsamkeit auf viele Arten und Weisen üben, z.B. durch achtsames Atmen, Essen oder durch Spaziergänge in der Natur. Der Schlüssel zu einem Leben im gegenwärtigen Moment liegt darin, dass Sie sich entschlossen bewusstmachen, was Sie in jedem Moment tun.

Wie hängen Achtsamkeit und Grübeln miteinander zusammen?

Sie fragen sich womöglich: „Wie kann Achtsamkeit mir bei übermäßigem Denken helfen?" Die Antwort liegt in einem vollständigen Verständnis dessen, was übermäßiges Denken und Grübeln ausmacht. Menschen überdenken bestimmte Dinge, weil sie sich zu sehr in eine bestimmte Idee oder Konzept vertiefen, ohne sich dessen aktiv bewusst zu sein. Wenn Sie allerdings zulassen, dass Sorgen, Ängste oder Bedauern die Oberhand gewinnen, verlieren Sie die Verbindung zur Gegenwart und zu Ihrem Umfeld.

Achtsamkeit ist in solchen Fällen das perfekte Gegenmittel und kann dem übermäßigen Grübeln ein Ende setzen, denn die Achtsamkeit bringt Gedanken und Gefühle in Ihr Bewusstsein, während sie geschehen. Auf diese Weise können Sie sich von Ihren Gewohnheiten befreien, ohne von ihnen überwältigt zu werden. Die Achtsamkeit lehrt Sie, Ihre Gedanken objektiv und ohne jegliche Anhaftung oder Wertung zu beobachten, was Sie wiederum davor bewahrt, von Ihrem inneren Geist mitgerissen zu werden. Außerdem können Sie dadurch einen stärkeren Sinn für die richtige Perspektive und die Klarheit Ihres Geistes entwickeln. Sie bemerken dadurch sogar schneller, dass Sie sich in übertriebenen Denkmustern verfangen haben.

Auf welche Weise kann Ihnen Achtsamkeit beim Überdenken helfen?

Im Folgenden werden einige der Vorteile von Achtsamkeit erklärt:

1. Weniger Angst und weniger Stress

Das Hormon Cortisol wird vom Körper freigesetzt, wenn er unter Stress steht. Dadurch kann es zu zahlreichen gesundheitlichen Problemen kommen, wie beispielsweise Gewichtszunahme, Bluthochdruck oder einem geschwächtem Immunsystem. Mithilfe der Achtsamkeit können Sie jedoch die Ausschüttung von Cortisol in Ihrem Körper reduzieren, was letztlich zu einem gesünderen und glücklicheren Leben führt.

Indem Sie Ihre Gedanken wahrnehmen, ohne sie zu bewerten, gelingt es Ihnen, den Teufelskreis aus Sorge und Grübelei zu durchbrechen, der schließlich zum regelmäßigen Überdenken von Problemen führt.

2. Erhöhtes Selbstbewusstsein

Die Achtsamkeit macht Ihnen Ihre Gedanken und Gewohnheiten bewusst und bringt Sie dazu, schneller zu bemerken, dass Sie manchmal dazu neigen, zu viel nachzudenken. Mithilfe der Achtsamkeit können Sie leicht aus dem Teufelskreis entkommen und die Dinge positiver wahrnehmen.

3. Achtsamkeit stärkt das Immunsystem

Wenn Sie meditieren, um Ihre Achtsamkeit zu verbessen, werden Sie dadurch weniger anfällig für Krankheiten und körperliche Leiden. Wenn Ihr Stress- und Angstniveau sinkt, produziert Ihr Körper dadurch mehr Killerzellen, die für die Bekämpfung von Infektionen unerlässlich sind.

4. Verbesserung der Aufmerksamkeit und Konzentrationsfähigkeit

Es wird Ihnen leichter fallen, sich zu fokussieren und sich auf die anstehenden Aufgaben zu konzentrieren, wenn Sie an Ihrer Achtsamkeit arbeiten und in der Gegenwart präsent bleiben.

5. Verbesserte emotionale Widerstandsfähigkeit

Durch Achtsamkeit können Sie ein stärkeres Gefühl der inneren Stärke und Widerstandsfähigkeit angesichts herausfordernder Situationen entwickeln. Anstatt von unangenehmen Gedanken und Gefühlen überwältigt zu werden, können Sie lernen, Probleme zu erkennen, ohne von ihnen völlig verschlungen zu werden.

6. Verbesserter Schlaf

Übermäßiges Grübeln kann dazu führen, dass Sie nicht ausreichend Schlaf bekommen, so dass Sie am nächsten Tag erschöpft und launisch werden. Andererseits hilft Ihnen die Achtsamkeit dabei, sich vor dem Schlafengehen zu entspannen und zu erholen, wodurch die negativen Auswirkungen des Überdenkens auf Ihre Schlafgewohnheiten vermindert werden.

Im Jahr 2014 veröffentlichten Amber Hubbling und drei andere Wissenschaftler vom College of Pharmacy der Universität von Minnesota, in den Vereinigten Staaten von Amerika, ihre Forschungsergebnisse im *BMC Complementary and Alternative Medicine* Magazin.

Ihre Forschungsergebnisse bestätigen die positiven Auswirkungen von Achtsamkeitstraining durch Meditation und Yoga auf Erwachsene, die mit chronischen Schlafstörungen zu kämpfen haben. Die Studie zeigt, dass das Achtsamkeitstraining das Bewusstsein für die eigenen Gedanken und Emotionen erhöht. Die Versuchsgruppe bestand aus 18 Erwachsenen, die ein 8-wöchiges Achtsamkeitstraining absolviert hatten. Danach wurden sie in Gruppen aufgeteilt und gebeten, über ihre Erfahrungen zu berichten.

Die Teilnehmer betonten, dass sich die Achtsamkeitsübungen positiv auf ihre Schlafqualität ausgewirkt hatten und dass es ihnen durch die Übungen besser gelang, ihre Probleme mit der Schlaflosigkeit zu bewältigen. Sie beobachteten dabei auch eine Verbesserung der Schlafqualität der Probanden und deren Fähigkeit, mit der Schlaflosigkeit besser umzugehen. Die Teilnehmer berichteten, dass ihnen die Achtsamkeitsübungen emotional und körperlich weiterhelfen konnten. Des Weiteren empfanden sie Gruppensitzungen als motivierend.

Diese Ergebnisse verhalfen den Forschern zu der Schlussfolgerung, dass gesunde Schlafgewohnheiten und Achtsamkeitsübungen Menschen, die an chronischer Schlaflosigkeit leiden, helfen können.

Achtsamkeit üben

Ihr Job, Ihre Familie, Ihre Beziehungen zu anderen Menschen und alle Verpflichtungen in Ihrem Leben können manchmal ziemlich überwältigend sein und Sie sogar durch Angst und Stress belasten. Wenn Sie Achtsamkeit üben, kann Ihnen das jedoch dabei helfen, Ihr Grübeln und Ihre Angstgefühle zu reduzieren und Stress im Alltag besser zu bewältigen. Dadurch entsteht ein Gefühl der inneren Klarheit und des Friedens.

1. Achtsamkeit beim Atmen

Das sogenannte achtsame Atmen ist eine Achtsamkeitsübung, bei der Sie Ihrem Atem Ihre ungeteilte Aufmerksamkeit schenken und ihn ohne Wertung eingehend beobachten. Hierbei handelt es sich um eine meditative Praxis, die dazu beiträgt, Ihnen Ihr aktives Bewusstsein, Ihre mentale Präsenz und Ihre Gelassenheit zu bewahren. Die Übung kann aber auch dazu beitragen, dass Sie sich weniger gestresst und ängstlich fühlen, Ihren Geist klären und Ihr allgemeines Wohlsein verbessern.

Hyunju Cho von der Abteilung für Psychologie der Yeungnam Universität in Gyeongsan-si, in Südkorea, veröffentlichte in 2016 in der Zeitschrift Plos One einen Artikel über die Wirksamkeit des achtsamen Atmens.

In der Studie untersuchten die Forscher die täglichen Auswirkungen von regelmäßigen Atemübungen zur Förderung der Achtsamkeit und deren Wirksamkeit zur Linderung von Angstgefühlen bei Universitätsstudenten. Insgesamt 36 Studenten wurden in Gruppen aufgeteilt und nahmen an der Studie teil. Während die erste Gruppe Atemübungen zur Steigerung der Achtsamkeit machte, um Angstgefühle zu lindern, machte die zweite Gruppe eine Übung. Die dritte Gruppe nahm an keinerlei Übungen teil. Die Studie wurde an sechs aufeinanderfolgenden Tagen durchgeführt. Die Studenten wurden darum gebeten, ihre Erfahrungen während des Experiments täglich zu dokumentieren. Außerdem erhielten sie vor und nach dem Training Fragebögen, um ihre Angstgefühle zu bewerten.

Die Ergebnisse der Studie zeigen, dass sowohl die Atemübungen zur Förderung der Achtsamkeit als auch die alternativen Übungen die Angstgefühle der Studenten verringern konnten. Außerdem bestätigte die Gruppe, die Atemübungen zur Förderung der Achtsamkeit praktizierte, dass sie mehr positive Gedanken empfand als die Studenten in den anderen beiden Gruppen. Diese Ergebnisse deuten darauf hin, dass tägliche Achtsamkeitsatemübungen die Ängste der Studenten wirksam reduzieren und positive Gedanken fördern konnten.

Im Folgenden finden Sie eine einfache Anleitung dazu, wie Sie die Achtsamkeitsatmung selbst ausprobieren können:

- Suchen Sie sich einen bequemen Stuhl oder ein Kissen, auf dem Sie gut sitzen können. Stellen Sie Ihre Füße flach auf den Boden und setzen Sie sich mit geradem Rücken aufrecht hin. Sie können sich auch hinlegen, wenn Ihnen das lieber ist.

- Entspannen Sie sich, indem Sie die Augen geschlossen lassen und einige Male tief ein und ausatmen. Konzentrieren Sie sich auf Ihre Atmung und achten Sie darauf, wie sich Ihre Atemzüge anfühlen, während die Luft durch Ihre Nasenlöcher ein- und ausströmt. Achten Sie außerdem darauf, wie sich die Luft beim Einatmen kühl und beim Ausatmen warm anfühlt.

- Sie können die Länge Ihrer Atemzüge zählen, um sich besser zu konzentrieren. Zählen Sie beim Ein- und Ausatmen von 1 bis 10 und beginnen Sie erneut, wenn Sie 10 erreicht haben.

- Wenn Sie das achtsame Atmen üben, werden Sie, besonders als Anfänger, feststellen, dass Ihr Geist immer wieder zu Gedanken abschweift, die eigentlich nicht wichtig sind. Wenn dies geschieht, versuchen Sie, diese Gedanken nicht zu bekämpfen. Nehmen Sie sie lediglich zur Kenntnis und lenken Sie Ihre Aufmerksamkeit anschließend sanft zurück auf Ihre Atmung. Verurteilen Sie sich nicht dafür, dass Sie ab und zu derartige Gedanken haben oder dass Sie manchmal abgelenkt sind; das ist völlig normal.

- Um das achtsame Atmen eines Tages zu meistern, müssen Sie es konsequent üben. Versuchen Sie es jeden Tag etwa 5 bis 10 Minuten lang. Sie können die Übungsdauer erhöhen, sobald Sie sich an die Übungen gewöhnt haben.

Achtsames Gehen

Beim achtsamen Gehen machen Sie langsame, bewusste Schritte und konzentrieren sich dabei bewusst auf die Gegenwart und den Augenblick. Die Übung zielt darauf ab, Ihre Achtsamkeit zu steigern und soll Sie dazu zu bringen, sich bewusst auf den gegenwärtigen Moment zu konzentrieren.

Der Hauptunterschied zwischen dem achtsamen und dem normalen Gehen besteht darin, dass Sie beim achtsamen Gehen auf jeden Schritt, den Sie machen, auf das Gefühl des Bodens unter Ihren Füßen und auf die vollständige Wahrnehmung Ihrer Umgebung achten müssen. Die Übung hilft Ihnen dabei, langsamer zu werden und in Gedanken immer wieder in die Gegenwart zurückzukehren, anstatt sich im Geiste unentwegt mit Ihren Sorgen zu beschäftigen.

M. Teut vom Institut für Sozialmedizin, Epidemiologie und Gesundheitsökonomie an der Charité-Universität für Medizin in Berlin, hat im Jahr 2013 einen Artikel im *Evid Based Complement Alternat Med.* Magazin veröffentlicht.

In seiner Studie untersuchte er die Wirksamkeit des achtsamen Gehens zur Minderung von Stress. Die Menschen, die an dem Experiment teilnahmen, waren zwischen 18 und 65 Jahre alt und standen regelmäßig unter hohem Stress. Die Forscher teilten die Teilnehmer nach dem Zufallsprinzip in zwei Gruppen ein. Die erste Gruppe sollte eine Übung zur Förderung des achtsamen Gehens durchführen, während die andere Gruppe nicht an derartigen Übungen teilnahm (die zweite Gruppe war die Kontrollgruppe).

Die Gruppe, die das achtsame Gehen ausprobieren sollte, musste die Achtsamkeitsübung 40 Minuten lang durchführen. Die ersten 10 Minuten lang konzentrierten sich die Teilnehmer einfach auf den

Moment. In den darauffolgenden 10 Minuten sollten sie sich dann ganz auf ihre Erfahrungen konzentrieren. In den letzten 20 Minuten wurde die Gruppe gebeten, mit regelmäßigen Schritten zu gehen. Während der gesamten 4-wöchigen Übung sollte die andere Gruppe (die Kontrollgruppe) keine derartigen Übungen oder Aktivitäten durchführen.

Am Ende der vier Wochen ließen die Forscher die Teilnehmer beider Gruppen eine Umfrage ausfüllen, um ihr Stressniveau zu ermitteln. Die Ergebnisse dieser Datenerhebung zeigten, dass die Gruppe, die das achtsame Gehen geübt hat, weniger Stress und eine verbesserte Lebensqualität beschrieb, während die Kontrollgruppe keinen großen Unterschied des eigenen Stressniveaus im Vergleich zu dem Zustand zu Beginn der Studie bestätigte.

Das achtsame Gehen ist eine Übung, die für Sie überall durchführbar ist. Im Folgenden finden Sie einige Tipps, mithilfe derer Sie diese Methode selbst ausprobieren können.

- **Suchen Sie sich einen ruhigen und friedlichen Ort.** Ein solcher Ort könnte zum Beispiel ein Park, ein Garten oder eine ruhige Straße sein. Am wichtigsten ist es jedoch, dass Sie einen Ort wählen, an dem Sie sich sicher und wohl fühlen.

- **Bleiben Sie ruhig und atmen Sie ein paar Mal tief durch.** Konzentrieren Sie sich auf Ihre Atmung und fokussieren Sie sich. Atmen Sie langsam und tief ein und atmen Sie dann langsam wieder aus.

- **Beginnen Sie, langsame und gleichmäßige Schritte zu machen, konzentrieren Sie sich auf jeden Schritt.** Achten Sie auf das Gefühl Ihrer Füße, wenn einer nach dem anderen den Boden berührt, konzentrieren Sie sich auf Ihre Beinbewegungen und auf den Rhythmus Ihrer Atemzüge.

- **Nehmen Sie die Sehenswürdigkeiten, Geräusche und Gerüche um Sie herum wahr.** Bleiben Sie mental in dem Moment, ohne ihn zu beurteilen oder sich ablenken zu lassen.

- **Konzentrieren Sie sich auf Ihren Körper.** Wenn Sie bemerken, dass Ihre Gedanken langsam abschweifen, lenken Sie Ihren Fokus und Ihre Konzentration sanft zurück auf Ihren Körper und auf das Laufgefühl.

- **Machen Sie die Übung mindestens 10 Minuten lang.** Üben Sie das achtsame Gehen mindestens zehn Minuten lang oder nehmen Sie sich noch mehr Zeit.

- **Beenden Sie die Übung mit Dankbarkeit.** Nehmen Sie sich am Ende etwas Zeit, um sich für die Erfahrung zu bedanken. Sie können dazu im Stillen „Danke" sagen oder tief einatmen und den gegenwärtigen Moment dabei aktiv in Gedanken schätzen.

Die folgenden Tipps können Ihnen dabei helfen, die Effektivität Ihres achtsamen Gehens zu erhöhen und Ihre Freude an der Übung zu steigern:

- **Beginnen Sie mit kurzen Spaziergängen:** Beginnen Sie mit kurzen Spaziergängen und steigern Sie die Dauer Ihrer Ausflüge allmählich, vor allem, wenn Sie sich gerade erst an das achtsame Gehen gewöhnen.

- **Schalten Sie Ihr Telefon aus:** Schalten Sie Ihr Telefon aus oder stellen Sie es auf lautlos, um Ablenkungen während der Übung zu vermeiden.

- **Spaziergänge in der Natur:** Ein Spaziergang in der Natur kann besonders beruhigend sein und Sie erden. Suchen Sie sich dafür, wenn möglich, einen Park, einen Wald oder einen Strand.

- **Konzentrieren Sie sich auf Ihren Atem:** Die Konzentration auf Ihren Atem kann Ihnen dabei helfen, konzentriert zu üben und stets im Augenblick zu bleiben.

- **Nehmen Sie Ihren Körper bewusst wahr:** Achten Sie auf die Empfindungen in Ihrem Körper, und darauf, wie Verspannungen oder Unbehagen sich körperlich anfühlen. Passen Sie Ihre Haltung aufgrund Ihrer Beobachtungen an.

- **Haben Sie Geduld.** Um die gewünschten Ergebnisse zu erzielen, sollten Sie sich Zeit nehmen und geduldig sein. Wenn Ihre Gedanken abschweifen oder die Übung zu schwierig wird, um sich weiter darauf zu konzentrieren, sollten Sie sich keine Sorgen machen. Je mehr Sie üben, desto angenehmer wird die Übung für Sie.

- **Üben Sie regelmäßig.** Achten Sie darauf, dass Sie mindestens einmal am Tag oder so oft wie möglich an Ihrem achtsamen Gehen arbeiten.

- **Verwenden Sie ein Mantra:** Sie können einfache Mantras wie „Frieden" oder „Ruhe" wiederholen, um während Ihres

Spaziergangs konzentriert und präsent zu bleiben.

Tagebuchführen/expressives Schreiben

Tagebücher und Übungen zum kreativen Schreiben können Ihnen dabei helfen, an Ihrer Achtsamkeit zu arbeiten.

Andrea N. Niles und fünf weitere Forscher veröffentlichten im Juni 2013 einen Artikel über kreatives Schreiben in der Zeitschrift *Anxiety Stress Coping.*

In dieser Studie untersuchten die Forscher die Auswirkungen des Ausdrucks von Gefühlen durch Schreiben auf die geistige und körperliche Gesundheit. Alle Studienteilnehmer waren erwachsen und wurden in zwei verschiedene Gruppen aufgeteilt. Eine Gruppe wurde dazu aufgefordert, 20 Minuten lang ihre traumatischsten oder stressigsten Erlebnisse oder etwas völlig Unbeteiligtes aufzuschreiben – diese Übung wurde viermal wiederholt.

Die Ängste, Depressionen und körperlichen Symptome der Teilnehmer wurden vor und nach der Schreibübung untersucht. Die Ergebnisse der Studie zeigten, dass das Schreiben einen beachtlichen Einfluss auf das Empfinden von Depression, Ängsten und körperlichen Symptomen bei den Teilnehmern hatte. Durch die Erkenntnisse wurde auch festgestellt, dass Menschen, die ihre Emotionen entweder durch verbale Kommunikation oder durch andere Methoden ausdrücken, auch davon profitieren können, ihre Emotionen aufzuschreiben. Andererseits leiden Menschen, die ihre Gefühle stets unterdrücken und nicht offen ausdrücken, zwangsläufig unter Angstzuständen.

Im Folgenden finden Sie einige Möglichkeiten dazu, wie Sie das Tagebuchführen zur Förderung Ihrer Achtsamkeit und gegen übermäßiges Grübeln einsetzen können:

- Das Schreiben schafft eine sichere Umgebung, in der Sie sich ausdrücken können, ohne sich vor Verurteilung oder Kritik durch andere fürchten zu müssen.

- Dies ermöglicht es Ihnen, Ihre Gedanken und Gefühle zu erforschen, was wiederum zu neuen Perspektiven und Einsichten führt.

- Das Tagebuchführen hilft Ihnen, negative Selbstgespräche schnell zu erkennen und zu hinterfragen, wodurch sich diese schneller durch positive Affirmationen und realistisches Denken ersetzen lassen.

- Das Schreiben verhindert zu viel Grübeln Ihrerseits, indem es Ihnen die Möglichkeit gibt, schwierige Emotionen und Erfahrungen effektiver zu verarbeiten und anschließend loszulassen.

- Tagbücher vermitteln Ihnen ein Gefühl von Distanz und Perspektive und helfen Ihnen dabei, Situationen in Ihrem Leben von einem objektiveren Standpunkt aus zu betrachten.

- Das Tagebuchführen reduziert emotionalen Stress, indem es stattdessen Achtsamkeit, Entspannung und Einfühlungsvermögen in die eigenen Schwierigkeiten fördert.

Wie man ein Tagebuch führen sollten

Nachdem wir verstanden haben, dass das Führen eines Tagebuchs ein mächtiges Werkzeug sein kann, das Ihnen dabei helfen kann, übermäßiges Grübeln zu überwinden, lassen Sie uns diese Übung im Detail betrachten.

Die folgenden Schritte können Ihnen den Einstieg erleichtern:

Schritt 1: Suchen Sie sich Ihr bevorzugtes Format aus

Der erste Schritt besteht darin, dass Sie sich Ihr bevorzugtes Format aussuchen. Es stehen Ihnen viele Optionen zur Verfügung, zu diesen gehören unter anderem:

- **Stift und Papier** - Dieses klassische Format ist am besten geeignet, besonders wenn Sie gerne mit der Hand schreiben und sich von den digitalen Ablenkungen lösen möchten.

- **Digital** – Das digitale Schreiben ist dann besser für Sie geeignet, wenn Sie es vorziehen, Dinge auf Ihrem Computer zu tippen, zum Beispiel, weil Sie Ihre Tagebucheinträge auf einem Gerät oder in der Cloud speichern möchten.

- **Audio** - Dies ist das perfekte Format für Sie, wenn Sie Ihre Gedanken gerne laut aussprechen oder Schwierigkeiten beim Schreiben oder Tippen haben.

Schritt 2: Suchen Sie sich die richtige Zeit und den richtigen Ort

Als Nächstes ist es wichtig, dass Sie eine beständige Routine entwickeln, die Sie morgens, während Ihrer Mittagspause oder sogar abends zuverlässig einhalten können.

Wählen Sie dazu außerdem einen ruhigen und bequemen Ort, an dem Sie sich ohne Ablenkung auf Ihr Tagebuchführen konzentrieren können – ein solcher Ort könnte beispielsweise Ihr Schlafzimmer, ein Café oder eine gemütliche Ecke in Ihrer Wohnung sein.

Schritt 3: Legen Sie Ihre Ziele genau fest

Bevor Sie mit dem Tagebuchschreiben beginnen, sollten Sie sich etwas Zeit nehmen, um Ihre Ziele für die Sitzung festzulegen. Überlegen Sie, was Sie mit dem Tagebuchschreiben erreichen möchten. Hier sind ein paar Beispiele:

- Sie wollen über die jüngsten Ereignisse und Erfahrungen nachdenken.
- Sie wollen schwierige Emotionen verarbeiten.
- Sie wollen sich durch Brainstorming auf bestimmte Projekte oder Ziele vorbereiten.
- Sie wollen Dankbarkeit oder Freude ausdrücken.

Wenn Sie sich absichtlich Ziele setzen, können Sie sich beim Schreiben konzentrieren und motiviert bleiben.

Schritt 4: Mit dem Schreiben beginnen

Jetzt ist es an der Zeit, dass Sie mit dem Schreiben beginnen. Im Folgenden finden Sie einige Tipps und Strategien, die Sie nutzen können, um das Beste aus Ihrem Tagebuch herauszuholen:

- Kümmern Sie sich nicht um Grammatik, Rechtschreibung oder Zeichensetzung. Lassen Sie Ihre Gedanken einfach frei fließen, ohne sie zu beurteilen oder zu verfälschen.
- Zensieren Sie Ihre Gefühle nicht und beschönigen Sie sie nicht. Erlauben Sie sich, verletzlich zu sein, es ist sehr wichtig, dass Sie sich authentisch ausdrücken.
- Schreiben Sie etwas über Ihre aktuellen Gedanken - die Dinge, die Ihnen gerade durch den Kopf gehen. Halten Sie sich nicht mit der Vergangenheit auf und machen Sie sich keine Gedanken über die Zukunft.
- Probieren Sie verschiedene Stile aus, wie zum Beispiel das Schreiben von Stichpunkten, das Einarbeiten von Kunst, oder das reflektierende Schreiben.

Schritt 5: Reflektieren und überprüfen

Wenn Sie mit dem Schreiben fertig sind, sollten Sie sich etwas Zeit nehmen und über alles, was Sie aufgeschrieben haben, nachdenken. Haben Sie etwas Neues über sich selbst gelernt? Sind Sie zu neuen

Ergebnissen gekommen oder haben Sie Dinge über sich selbst enthüllt? Wenn Sie über das Geschriebene nachdenken, können Sie Ihre Verhaltensweisen und Gedanken zunehmend besser verstehen.

Ziehen Sie in Erwägung, ob Sie die Dinge, die Sie geschrieben haben, von Zeit zu Zeit erneut durchlesen wollen. Auf diese Weise können Sie einen Eindruck von Ihren persönlichen Fortschritten bekommen, wiederkehrende Muster oder Probleme erkennen und Ihre Erfolge und Ihr Wachstum anerkennen.

1. Dankbarkeit

Wenn Sie an Ihrer Dankbarkeit arbeiten, geht es in erster Linie darum, die guten Dinge im Leben zu würdigen, seien Sie groß oder klein.

Die Kombination von Dankbarkeit und Achtsamkeit gibt Ihnen ein mächtiges Werkzeug an die Hand, um Positivität zu kultivieren, Stress abzubauen und Ihre Beziehungen zu anderen zu verbessern.

Y. Joel Wong und andere Wissenschaftler vom Department of Counseling and Educational Psychology an der Indiana Universität in Bloomington, veröffentlichten im Jahr 2016 einen Artikel in der Zeitschrift *Psychotherapy Research*.

Die Forscher führten ein Experiment durch, an dem 293 Erwachsene teilnahmen, die alle eine Art Therapie erhielten. Die Teilnehmer wurden in drei Gruppen eingeteilt. Die erste Gruppe war die Kontrollgruppe, die nur eine Art Therapie erhielt. Die zweite Gruppe erhielt die gleiche Therapie und ihre Mitglieder sollten außerdem ihre Gedanken und Emotionen aufschreiben, um über Stresssituationen, die sie erlebt hatten, nachzudenken. Die dritte Gruppe erhielt ebenfalls eine Therapie und die Mitglieder schrieben außerdem Briefe, in denen sie ihre Dankbarkeit gegenüber anderen ausdrückten.

Nachdem die Intervention 12 Wochen lang durchgeführt worden war, stellten die Forscher fest, dass die Teilnehmer, die Briefe, in denen sie ihre Dankbarkeit ausdrückten, schreiben sollten, sich besser fühlten als die Teilnehmer in den beiden anderen Gruppen. Dies zeigt, dass das Schreiben von Dankesbriefen gut für die psychische Gesundheit ist und somit ein nützliches therapeutisches Mittel sein kann.

Es gab jedoch noch eine weitere interessante Wendung. Die Forscher fanden heraus, dass der Einsatz negativer Worte beim Schreiben dazu führte, dass sich die Menschen noch schlechter fühlten, als sie es ohnehin schon taten. Die Teilnehmer, die negative Worte nutzten, um ihre Emotionen aufzuschreiben, erlebten nicht das gleiche Maß an Verbesserung wie diejenigen, die sich auf den Ausdruck ihrer Dankbarkeit konzentrierten.

Das psychische Wohlbefinden der Teilnehmer konnte also laut dieser Studie gesteigert werden, indem Briefe geschrieben wurden, in denen die Menschen ihre Dankbarkeit gegenüber anderen ausdrückten.

Hier sind einige der Hauptvorteile der Kultivierung von Dankbarkeit durch Achtsamkeit:

- Sie können Ihr Glücksgefühl und Ihr allgemeines Wohlbefinden steigern, indem Sie sich auf die guten Dinge in Ihrem Leben konzentrieren und sie durch Achtsamkeit anerkennen.
- Achtsamkeit und Dankbarkeit ermöglichen es Ihnen, Ihren geistigen Fokus von negativen Gedanken und Sorgen abzuwenden und so Stress und Angstzustände zu reduzieren.
- Achten Sie auf Ihre Interaktionen mit anderen und drücken Sie Ihre Dankbarkeit bewusst aus, um Ihre zwischenmenschlichen Beziehungen zu verbessern und Ihre Bindungen zu anderen zu stärken.
- Bewusste Dankbarkeit wird mit einer Verbesserung der körperlichen Gesundheit, einem stärkeren Immunsystem, niedrigerem Blutdruck und besserem Schlaf in Verbindung gebracht.

So können Sie achtsam Dankbarkeit ausdrücken

Nun, da Sie die Vorteile der achtsamen Dankbarkeit im Detail kennengelernt haben, wollen wir Ihnen zeigen, wie Sie sie weiterentwickeln und einsetzen können. Hier sind einige Übungen, die Sie in Ihren Alltag einführen können:

- **Beginnen Sie mit Achtsamkeit**

Der erste Schritt, um achtsame Dankbarkeit in Ihrem Leben zu praktizieren, besteht darin, dass Sie sich der guten Dinge in Ihrem Leben bewusster werden. Nehmen Sie sich eine Auszeit und denken Sie darüber nach, wofür Sie dankbar sind – das kann zum Beispiel ein köstliches Essen, ein schöner Sonnenuntergang oder ein hilfsbereiter

Freund sein.

- **Nutzen Sie die Achtsamkeit, um den Moment zu genießen**

Nachdem Sie eine Sache, für die Sie dankbar sind, gefunden haben, genießen Sie sie bewusst mithilfe der Achtsamkeit. Nehmen Sie jede Empfindung und jedes Detail bewusst wahr und erlauben Sie sich, die gesamte Erfahrung von ganzem Herzen zu schätzen.

- **Dankbarkeit bewusst ausdrücken**

Seien Sie nicht knauserig mit Ihren Worten. Drücken Sie Ihre Dankbarkeit gegenüber anderen Menschen aus und zeigen Sie ihnen, dass Sie sie schätzen. Sie können dazu eine einfache Notiz schreiben oder ein Lächeln mit anderen teilen. Wenn Sie Ihre Dankbarkeit zum Ausdruck bringen, stärken Sie dadurch Ihre Beziehung und verbreiten Positivität.

- **Regelmäßig üben**

Wenn Sie an Ihrer achtsamen Dankbarkeit arbeiten wollen, braucht das wie jede Gewohnheit Zeit und muss regelmäßig wiederholt werden. Machen Sie es zu einem Teil Ihrer regelmäßigen täglichen Routine. Nehmen Sie sich jeden Tag ein paar Minuten lang Zeit, um über die Dinge nachzudenken, für die Sie dankbar sind, und genießen Sie den Moment durch Achtsamkeit.

Die Achtsamkeit ist ein mächtiges Werkzeug, mit dem Sie Ihre Sorgen und Ängste reduzieren und Ihr Glück und Wohlbefinden verbessern können. Sie können dadurch ein besseres Gefühl für die Gegenwart entwickeln, insbesondere wenn Sie Atmung, Körperbewusstsein, achtsame Kommunikation, Mitgefühl für sich selbst, Akzeptanz und das Loslassen von Kontrolle und Perfektionismus üben.

Kapitel 6: Stressbewältigung: Strategien für alle Bereiche des Lebens

Stress ist ein Zustand, in dem Sie anfangen, sich Sorgen zu machen, weil Sie eine schwierige Situation erlebt haben. Das ist eine natürliche Reaktion und jeder Mensch erlebt sie in unterschiedlich ausgeprägtem Maße. Er kann durch alles Mögliche verursacht werden, von einer schwierigen Arbeitssituation bis hin zu Schwierigkeiten in einer Beziehung. Dieses Kapitel befasst sich mit Stress und Angst, den Unterschieden zwischen diesen Emotionen, Ihren Anzeichen und Strategien, die Sie anwenden können, um mit stressigen Situationen umzugehen.

Stress verstehen

Stress wirkt sich, abhängig von Ihrer körperlichen und geistigen Gesundheit, unterschiedlich auf den Geist und den Körper einer Person aus. Ein bisschen Stress kann Sie zwar dazu motivieren, die täglichen Aufgaben zu erledigen, aber zu viel davon kann diverse Probleme verursachen. Wenn Sie lernen, mit Stress in verschiedenen Situationen umzugehen, werden Sie sich weniger überfordert fühlen und entsprechend mehr leisten können.

Zu viel Stress kann dazu führen, dass Sie sich überfordert fühlen.
Photo by SEO Galaxy on Unsplash *https://unsplash.com/photos/a-woman-sitting-in-front-of-a-laptop-computer-dJpBpPUevSA*

Es ist ganz natürlich, dass man sich gelegentlich gestresst fühlt, wenn man mit Dingen wie Prüfungen, Vorstellungsgesprächen, Beziehungen, Arbeit usw. konfrontiert wird. Bei vielen Menschen nimmt der Stress mit der Zeit ganz natürlich ab, wenn sie lernen, mit der Situation effektiver umzugehen.

Ängste verstehen

Die Angst ist ein emotionaler Zustand, in dem sich eine Person gestresst und besorgt fühlt. Diese Gefühle versetzen die Person in einen angespannten Geisteszustand, der mit offensichtlichen körperlichen Veränderungen wie erhöhtem Blutdruck, Schwitzen, Herzfrequenz, Schwindel und Zittern einhergeht.

Der Unterschied zwischen Stress und Angst

Stress und Angst werden oft miteinander verwechselt, denn beides sind emotionale Reaktionen, die durch eine herausfordernde Situation oder durch einen bestimmten Auslöser hervorgerufen werden können. Während Stress bei einer Person Symptome wie Reizbarkeit, Schwindel, Müdigkeit, Verdauungsprobleme und Schlafstörungen hervorruft, die nach kurzer Zeit wieder verschwinden können, halten diese

Beschwerden nur eine kurze Zeit lang an. Angst ist hingegen ein tendenziell länger andauernder mentaler Zustand, bei dem sich eine Person ständig Sorgen macht, auch wenn es eigentlich keinen Auslöser dafür gibt. Kurz gesagt: Stress ist eine kurzfristige Reaktion, während Angstzustände länger andauern können.

Die Auswirkungen von Stress auf Körper und Geist

Stress beeinflusst die Körperfunktionen, das Verhalten und die Emotionen auf verschiedene Weise. Die Anzeichen und Symptome für Stress können in körperliche, emotionale und verhaltensbezogene Kategorien eingeteilt werden. Hier sind einige der körperlichen Symptome, die Sie in stressigen Situationen erleben können:

- Körperschmerzen und Muskelschmerzen
- Herzklopfen und Schmerzen in der Brust
- Sie fühlen sich erschöpft und haben Atembeschwerden
- Erhöhter Blutdruck
- Probleme mit der Verdauung
- Schwaches Immunsystem
- Sie fühlen sich unruhig und haben Probleme beim Schlafen.
- Zusammenpressen des Kiefers und Muskelverspannungen
- Schwindelgefühl, Zittrigkeit und Kopfschmerzen
- Plötzliche Gewichtsveränderungen
- Starkes Schwitzen
- Bestehende Gesundheitsprobleme verschlimmern sich

Ständiger Stress kann zu Angstzuständen, Depressionen, Traurigkeit und Panikattacken führen. Er kann außerdem die folgenden Gefühle auslösen:

- Ein Gefühl der Überwältigung, das selbst durch die banalsten Aufgaben entsteht.
- Ungeduld, Wut, Reizbarkeit
- Eine Unfähigkeit, gute Dinge im eigenen Leben zu schätzen
- Depression

Ein zunehmendes Gefühl der Besorgnis und Anspannung. Die folgenden Verhaltensänderungen sind bei einer Person, die unter Stress leidet, zu erwarten:

- Der Stress macht es schwierig, Entscheidungen zu treffen, Dinge zu planen und Pläne umzusetzen.

- Es fällt Ihnen immer schwieriger, sich auf bestimmte Aufgaben zu konzentrieren.

- Menschen werden mit oder ohne Grund angeschnauzt.

- Die Person ist unfähig, sich an Dinge zu erinnern und hat ein vermindertes Arbeitsgedächtnis.

- Die Person kaut an ihren Nägeln.

- Es kommt häufig zu übermäßigem Essen oder zu Appetitlosigkeit.

- Die Person hat einen verminderten Sexualtrieb.

- Es ist wahrscheinlicher, dass eine Person illegale Drogen nimmt, raucht oder Alkohol trinkt.

- Die Person distanziert sich von Freunden, Familienmitgliedern und Gleichaltrigen.

Diese Anzeichen und Symptome können von der Person abhängig sein und bei verschiedenen Personen unterschiedlich sein. Außerdem können die oben genannten Anzeichen und Symptome auch bei verschiedenen anderen psychischen und physischen Störungen und Krankheiten auftreten. Daher ist es wichtig, dass Sie Ihren Arzt oder eine andere medizinische Fachkraft aufsuchen, um die Ursachen derartiger Symptome festzustellen, falls Sie sich mit diesen konfrontiert sehen.

Der Zusammenhang zwischen Stress und Grübeln

Es gibt zwar mehrere Faktoren, die Stress auslösen können, aber einer der Hauptfaktoren ist übermäßiges Nachdenken. Obwohl Sorgen ein Teil des Lebens sind, kann das Überdenken vergangener oder zukünftiger Ereignisse leicht zu Stress führen. Menschen, die zu viel nachdenken, erleben die Vergangenheit immer wieder neu, bewerten Situationen aus verschiedenen Blickwinkeln und verstärken dadurch ihre Ängste. Das gefährdet Ihre Gesundheit und Ihr Wohlbefinden und führt dazu, dass Sie andere psychische Probleme wie Depressionen und Angstzustände entwickeln.

Ständige Sorgen führen langfristig zu einer Reihe von körperlichen und geistigen Gesundheitsveränderungen. Dadurch wird das Immunsystem geschwächt und die Wahrscheinlichkeit, an Gesundheitsproblemen im Zusammenhang mit dem Herz-Kreislauf-System zu leiden, steigt. Wenn eine Person zu viel nachdenkt, bleibt das Gehirn dieser Person in einer ständigen Sorgenschleife gefangen. Selbstverständlich können manche Situationen dazu führen, dass man zu viel nachdenkt und es ist es wichtig, sich mit ihnen auseinanderzusetzen und strategische Schritte zu unternehmen, um übermäßiges Grübeln zu verhindern.

Stress hat auch körperliche Auswirkungen. Wenn der Stresspegel hoch ist, steigt der Blutdruck, was im weiteren Verlauf zu verschiedenen kardiovaskulären Problemen führen kann. Auch das Immunsystem kann durch den Anstieg von Hormonen und anderen Chemikalien, die unter Stress produziert werden, unterdrückt werden.

Im Leben eines durchschnittlichen Menschen gibt es vier Lebensbereiche, in denen Stress entsteht.

Arbeitsstress

Es ist normal, dass man bei der Arbeit Stress empfindet. Nehmen wir beispielsweise an, Sie arbeiten im Büro an einem Projekt, stoßen aber im Arbeitsablauf auf ein paar Hürden, die zu einer Verzögerung führen. Wenn Sie das Projekt nicht rechtzeitig abschließen und mit Herausforderungen konfrontiert werden, kann das zu Arbeitsstress führen.

Hier sind einige Strategien, die Sie gut im Umgang mit Arbeitsstress anwenden können:

- **Meditation**

Achtsamkeits- und Meditationsübungen sind besonders hilfreich bei der Bewältigung von chronischem Stress, der durch schwierige Situationen bei der Arbeit ausgelöst wird. Sie sorgen für Klarheit in Ihren Gedanken und bringen Sie dazu, Ihre Handlungen unvoreingenommen zu bewerten, indem Sie sich auf die Gegenwart konzentrieren. Wenn man sich zu viele Sorgen macht, können störende Gedanken das Gehirn überfluten und dazu führen, dass man in der

Vergangenheit stecken bleibt. Effektive Atemübungen sind in solchen Fällen eine Möglichkeit, um Körper und Geist zu entspannen und gleichzeitig einen besonders hohen Stresspegel zu reduzieren. Mit diesen Strategien verbessern Sie langsam Ihre Kontrolle über bestimmte Empfindungen und lernen, stressauslösende und beunruhigende Gedanken zu reduzieren, die sowohl im bewussten als auch im unterbewussten Geist verweilen.

- **Bewegung**

Um Stress besser zu bewältigen, müssen Sie ausreichend Bewegung in Ihren Alltag einbauen. Wenn Sie Ihren Körper durch Sport aktiv halten, reduziert sich dadurch der Stresspegel. Bei körperlicher Aktivität werden Endorphine freigesetzt, natürliche Substanzen, die wie Stimmungsaufheller wirken. Diese Chemikalien bauen auf natürliche Weise Stress ab und vermitteln Ihnen ein wohltuendes Gefühl der Erfüllung

- **Stressfaktoren identifizieren**

Machen Sie sich in einem kleinen Notizbuch Aufzeichnungen und machen Sie es sich zur Gewohnheit, die Situationen bei der Arbeit, die als Stressfaktoren negativ auf Sie einwirken, Ihre Reaktion darauf und wie Sie mit der Situation umgehen, zu notieren. Wenn Sie sich diese Stressfaktoren, Ihre Reaktion und die Art und Weise, wie Sie darauf reagiert haben, notieren, können Sie erkennen, welche Situationen Stress auslösen und welche Maßnahmen Sie ergreifen können.

- **Grenzen setzen**

Sie müssen ein Gleichgewicht zwischen Ihrer Arbeit und Ihrem Privatleben herstellen und sich daher klare Grenzen am Arbeitsplatz setzen. Grenzen Sie die Arbeit durch klare Regeln ein, um Ihre tägliche Routine einfacher, effektiver und stressfreier zu gestalten. Machen Sie es sich zum Beispiel zur Gewohnheit, zu Hause keine E-Mails oder Textnachrichten vom Arbeitsplatz abzurufen. Vielen Menschen ist nicht bewusst, dass die Vermischung von Arbeit und Leben zu stressauslösenden Konflikten zwischen Arbeit und Privatleben führen kann. Wenn Sie beide in Ihrem Zeitplan klar trennen, verringert dies Konflikte und reduziert gleichzeitig Stress.

- **Entwicklung von Antworten**

Stress und übermäßiges Nachdenken können Sie manchmal zu ungesunden Entscheidungen wie dem Konsum von Alkohol oder illegalen Drogen verleiten. Anstatt den Stress mit derartigen Dingen zu bewältigen, sollten Sie gesunde Reaktionen wie Yoga, Achtsamkeitsmeditation oder eine Art von Bewegung einsetzen, um mit dem Grübeln aufzuhören und Spannung abzubauen.

Die Reaktionen sind aber nicht nur auf körperliche Aktivitäten beschränkt. Gehen Sie oft mit Freunden und Familie aus, erkunden Sie neue Orte, besuchen Sie Ihre Lieben, machen Sie ab und zu eine Wanderung oder legen Sie sich einfach auf die Couch, während Sie Ihren Lieblingsroman lesen; Sie haben die Wahl. Neben diesen Aktivitäten sollten Sie auch Ihren Schlafrhythmus verbessern, um mit Ihren Problemen umzugehen. Schlaf reduziert auf natürliche Weise die Konzentration von stressauslösenden Chemikalien im Körper, die Ihr Gehirn im Laufe des Tages durch übermäßiges Nachdenken ansammelt.

● Kommunizieren Sie mit anderen

Wenn Sie ständig mit Stress am Arbeitsplatz konfrontiert werden, sollten Sie mit Ihrem Vorgesetzten sprechen. Die Idee, die hinter dem Austausch über stressauslösende Probleme steckt, ist die eines gemeinsamen Brainstormings über Probleme am Arbeitsplatz und die Entwicklung effektiver Strategien, um diese soweit wie möglich zu reduzieren. Der Zweck des Gesprächs besteht nicht darin, dass Sie Ihren Vorgesetzten auf Ihre Probleme hinweisen, sondern zielt darauf ab, praktische Lösungen zur Bewältigung dieser Stressfaktoren zu finden. Wenn Sie sich auf diese Diskussionen mit Ihren Kollegen und der Geschäftsleitung einlassen, können Sie Ihre aktuellen Aufgaben besser bewältigen, Herausforderungen sinnvoll angehen und den Arbeitsplatz angenehmer gestalten.

● Nehmen Sie sich eine Auszeit

Manchmal führt eine kontinuierliche Arbeitsbelastung zu Burnout und löst chronischen Stress aus. Wenn Sie sich eine Auszeit nehmen und sich von der Arbeit eine Zeit lang abkoppeln, reduziert sich der Stresspegel, Sie können wieder klar denken und finden effektive Wege und Möglichkeiten, um eine bestimmte Situation zu bewältigen. Machen Sie zum Beispiel Urlaub, entspannen Sie sich und nehmen Sie von Ihren Sorgen Abstand, sammeln Sie neue Energie, um zukünftig Ihre besten Leistungen zu erbringen.

Beziehungsstress

Übermäßiges Grübeln oder Nachdenken kann sich auch negativ auf Beziehungen auswirken und zu verschiedenen Herausforderungen führen. Wenn Sie dazu neigen, sich permanent über vergangene oder zukünftige Situationen Sorgen zu machen, kann das dazu führen, dass Sie im gegenwärtigen Moment emotional weniger ansprechbar sind. Der Stress und die Angst, die sich aus dem Grübeln ergeben, können zu erheblichem emotionalem Stress führen. Um diesen effektiv zu bewältigen, sollten Sie die folgenden Strategien zur Stressbewältigung anwenden:

- **Ermutigen Sie Ihren Partner zur offenen Kommunikation**

Eine offene und ehrliche Kommunikation mit Ihrem Partner ist entscheidend. Wenn Sie sich wegen einer Situation in Ihrer Beziehung ängstlich oder gestresst fühlen, kann ein Gespräch mit Ihrem Partner Ihnen dabei helfen, die Dinge zu klären. Teilen Sie Ihre Sorgen mit Ihrem Partner, ohne bei dem Gespräch die Kontrolle zu übernehmen oder konfrontativ zu werden. Wenn Sie Ihre Sorgen überlegt äußern, sollten Sie auch der Sichtweise Ihres Partners Gehör schenken. Es kann bei der Lösung von Problemen hilfreich sein, die Dynamik der Situation zu verstehen und für Veränderungen offen zu sein.

- **Erkennen Sie Ihre Gefühle an**

Ihre Gefühle zu einem Thema spiegeln nicht unbedingt immer die Realität wider. Die Art und Weise, wie Sie auf eine bestimmte Situation reagieren, kann dazu führen, dass Sie zu viel nachdenken und dass Ihr Urteilsvermögen dadurch getrübt wird. Sie könnten zum Beispiel das Gefühl haben, dass Ihr Partner Sie nicht mehr liebt, weil er distanziert wirkt, aber dieses Verhalten könnte auch an anderen Faktoren liegen, wie z.B. einem erhöhten Arbeitsdruck. Das Erkennen Ihrer Gefühle und deren Zusammenhang mit anderen Faktoren kann die meisten Fragen klären und übermäßiges Grübeln verhindern.

- **Drücken Sie Ihre Erwartungen klar aus**

Wenn Sie Ihre Gefühle offenlegen und Ihrem Partner gegenüber Ihre Erwartungen zum Ausdruck bringen, kann dies die Dinge für Sie beide vereinfachen. Das Zurückhalten von Zweifeln kann zu übermäßigem Nachdenken und Stress führen. Wenn Sie sich von negativen Gedanken leiten lassen, sollten Sie diese Sorgen mit Beweisen widerlegen. Wenn Sie offen mit Ihrem Partner über Ihre Gefühle sprechen, können Sie sich unnötige Sorgen ersparen.

● Achten Sie auf die Selbstfürsorge

Die Pflege Ihrer körperlichen und geistigen Gesundheit ist sehr wichtig. Aktivitäten zur Selbstfürsorge wie das Lesen eines Buches beim Sonntagsmorgenkaffee oder Ausflüge mit Freunden können Ihre Stimmung heben und im Körper die Produktion von Endorphinen anregen, die den Stresspegel reduzieren. Wenn Sie Ihren Partner mit in Ihre Aktivitäten einbeziehen, die Ihnen beiden Spaß machen, kann das Ihre Beziehung stärken und Ihnen dabei helfen, anhaltende Zweifel und Sorgen aus früheren Beziehungen zu überwinden.

● Setzen Sie klare Grenzen

Viele Stressfaktoren in einer Beziehung lassen sich effektiv reduzieren, indem Sie Ihrem Partner klare Grenzen setzen und diese auch deutlich kommunizieren. Wenn Ihr Partner zum Beispiel mehr Zeit miteinander verbringen möchte, legen Sie dafür bestimmte Zeiten fest und erklären Sie respektvoll, warum Sie nicht immer verfügbar sein können. Klare Grenzen können Missverständnisse verhindern und Stress für beide Partner reduzieren.

● Suchen Sie sich bei Bedarf Unterstützung

Es kann Zeiten geben, zu denen Sie den Beziehungsstress nicht allein bewältigen können. In Situationen, in denen Sie und Ihr Partner Schwierigkeiten haben, eine gemeinsame Diskussionsbasis zu finden, kann es hilfreich sein, wenn Sie sich Unterstützung von Familienmitgliedern oder engen Freunden suchen. Die Perspektive eines Außenstehenden kann oft Licht ins Dunkel bringen und mögliche Lösungen aufzeigen.

Stress zu Hause/in der Familie

Stresssituationen im Haushalt und in der Familie können für chronische Grübler und Überdenker eine besondere Herausforderung darstellen, da hierdurch Angst und Sorgen ausgelöst werden können. Im Folgenden finden sich einige Strategien zur Stressbewältigung, die Ihnen dabei helfen können, den Stress zu Hause und in der Familie zu bewältigen und dabei Ihren Hang zum Grübeln nicht aus den Augen zu verlieren:

● Identifizieren Sie die Ursache des Problems

Stress kann von vielen Dingen ausgelöst werden und von allem - von einem Beziehungskonflikt aus bis zur Haushaltsführung - ausgehen.

Wenn Sie die Ursache erkennen, sind Sie einer wirksamen Bewältigungsstrategie bereits einen Schritt nähergekommen. Während die Bewältigung der Hausarbeit und deren Aufteilung unter den Familienmitgliedern vielleicht für Sie kein Problem darstellt, kann die Bewältigung ernsthafter familiärer Probleme und Konflikte den Stresspegel in die Höhe treiben und Ihre Brainstorming-Fähigkeiten weiter einschränken. Seien Sie in solchen Situationen offen und sprechen Sie mit einem vertrauenswürdigen Freund oder gehen Sie zu einem Therapeuten, um den Stress zu bewältigen und eine effektive Lösungsstrategie zu erarbeiten.

- **Haben Sie sich selbst gegenüber Mitgefühl**

Wenn etwas nicht so läuft, wie Sie es sich vorstellen, führt das zu Stress. Menschen, die zu viel nachdenken und sehen, dass etwas nicht wie geplant funktioniert, sind in der Regel hart zu sich selbst. Diese Denkweise ist destruktiv und kann zu Angstzuständen, Depressionen und anderen gesundheitlichen Problemen führen. Anstatt sich selbst zu bestrafen, sollten Sie Verständnis für sich entwickeln, freundlich mit sich umgehen und für andere Meinungen offen sein. Wenn Sie diese positiven Ansätze in Ihr Leben integrieren, werden Sie sich zunehmend weniger von diesen Problemen betroffen fühlen.

- **Seien Sie realistisch**

Sprechen Sie mit Ihren Familienmitgliedern, wenn Sie Ihre Erwartungen festlegen. Seien Sie dabei realistisch und setzen Sie sich Erwartungen, die alle auch erfüllen können. Wenn Sie mit Ihren Familienmitgliedern sprechen und die Situation realistisch einschätzen, vereinfachen Sie die Dinge und haben mehr Kontrolle. Es gibt allen Beteiligten ein Gefühl der Erleichterung, wenn alle die Situation realistisch angehen. Menschen, die zu viel denken, neigen dazu, unrealistische Erwartungen gegenüber anderen zu haben, denn sonst entsteht das Risiko, dass Ihre Ziele später ein Gefühl des Versagens und der Enttäuschung auslösen.

Realistische Erwartungen lassen sich am besten festlegen, wenn Sie eine große Aufgabe in überschaubare kleinere Meilensteine unterteilen. Wenn zum Beispiel die gesamte Wohnung geputzt werden muss, ist es unrealistisch, wenn Sie von sich erwarten, dass Sie alles an einem Tag putzen, denn das ist fast unmöglich. Teilen Sie sich das Aufräumen und Putzen stattdessen lieber in verschiedene Aufgaben über mehrere Tage auf. Auf diese Weise haben Sie täglich das Gefühl, etwas geschafft zu haben, bleiben motiviert, da Sie jeden Tag einen Meilenstein erreichen, und reduzieren den Stress, der durch das Saubermachen entsteht.

• Kommunizieren Sie offen und ehrlich mit Ihren Familienmitgliedern

Wenn Sie sich vor Ihren Familienmitgliedern zurückhalten, werden die Konflikte nur noch größer. Seien Sie daher immer offen und ehrlich, wenn Sie mit Ihrer Familie kommunizieren. Wenn Sie die Kommunikation in der Familie stärken, werden dadurch Konflikte reduziert und Sie und Ihre Familienmitglieder können über sensible Themen sprechen. Denken Sie daran, einfühlsam und offen für die Sichtweisen anderer zu sein, wenn Sie diese Themen besprechen.

• Suchen Sie sich professionelle Unterstützung

Zertifizierte medizinische Fachkräfte werden Sie bei der Erkundung verschiedener Möglichkeiten und Wege zur Bewältigung von Stress, der durch Probleme verursacht wird, unterstützen. Ihr Therapeut kann Ihre psychische Gesundheit beurteilen und Ihnen eine wirksame Behandlungsmethode wie etwa kognitive Verhaltenstherapie, Familientherapie oder andere Maßnahmen, die er für geeignet hält, vorschlagen.

Finanzieller Stress

Finanzielle Instabilität - und verschiedene andere Probleme im Zusammenhang mit der Verwaltung der eigenen Finanzen – gehören zu den stressauslösenden Problemen im Leben. Geld ist heutzutage für jeden ein großer Stressfaktor. Ob Sie nun darum kämpfen, Ihre Schulden abbezahlen zu können oder finanzielle Verpflichtungen gegenüber Ihrer Familie erfüllen müssen, finanzielle Probleme bringen den Stresspegel schnell auf ein chronisches Niveau. Mit den folgenden Strategien zum Umgang mit Geld können Sie den Stress, den Sie aufgrund finanzieller Probleme empfinden, reduzieren.

• Legen Sie sich ein begrenztes Budget fest

Wenn Sie mit Geldsorgen zu kämpfen haben, sollten Sie sich als Erstes ein Budget festlegen. Wenn Sie Geld ausgeben, ohne die Ausgaben angemessen einzuplanen, führt das nur zu finanziellem Stress. Die Erstellung eines Budgets vereinfacht es Ihnen, Ihre Ausgaben zu kontrollieren und stellt sicher, dass Sie Ihr Geld in Bereichen ausgeben, in denen das Geld sinnvoll investiert wird. Ein Budget hilft auch dabei, unnötige Ausgaben zu reduzieren und die Zukunft besser zu planen. Sie können also damit beginnen, Ihre Ausgaben und Gesamteinnahmen aufzulisten. Legen Sie dann bestimmte Beträge für diese separat aufgeführten Ausgaben fest. Nachdem Sie die Ausgaben zugewiesen haben, prüfen Sie, ob Sie diese noch weiter reduzieren können. Wenn Sie noch etwas von Ihrem Budget zur Verfügung haben, sollten Sie etwas Geld für schlechte Zeiten aufbewahren.

• Bringen Sie die Situation unter Kontrolle

Die Bewältigung der finanziellen Probleme ist zwar eine Herausforderung und kann das Gefühl auslösen, dass Sie die Kontrolle verlieren, aber wenn Sie sich auf das konzentrieren, was Sie dadurch erreichen können, kommen Sie trotz dieser Herausforderungen gut voran. Wenn Sie zum Beispiel bereits ein Budget erstellt haben, aber Ihre Ausgaben nicht im Griff haben, sollten Sie Ihre Ausgabengewohnheiten und Ihr Budget erneut überprüfen, um Stress und Sorgen weiter zu reduzieren.

• Suchen Sie sich finanziellen Rat

Wenn Sie Ihr Budget immer noch nicht im Griff haben, kann es hilfreich sein, finanzielle Probleme mit Ihrer Familie oder engen Freunden zu besprechen. Diese haben vielleicht ein paar Spartipps für Sie oder können Ihnen bei der Erstellung eines realistischeren Budgets helfen. Sie können alternativ auch einen Finanzberater konsultieren, der Ihnen ein individuelles, professionelles Budget erstellt und Ihnen verschiedene Strategien zur Bewältigung Ihrer finanziellen Verpflichtungen aufzeigt.

• Üben Sie sich in Dankbarkeit

Wenn es um Geld geht, kann ein Perspektivenwechsel die Dinge einfacher machen und Stress abbauen. Wenn Sie über die Dinge nachdenken, die Sie zu schätzen wissen, können Sie Ihre Dankbarkeit steigern und alles Gute und Positive, das Sie umgibt, würdigen. Sie können zum Beispiel für wohltätige Zwecke spenden oder ehrenamtlich arbeiten, um Ihre Dankbarkeit zu zeigen.

• Entwickeln Sie einen Plan

Während die Erstellung eines Budgets Ihnen dabei helfen kann, Ihre täglichen Ausgaben zu bewältigen, ist ein langfristiger Finanzplan für die Zukunftsplanung entscheidend. Wenn Sie zum Beispiel die restlichen Schulden, die Sie aufgenommen haben, oder die Hypothek pünktlich abbezahlen wollen, wird die Ausarbeitung eines genauen Plans Ihnen Ihr Leben viel einfacher machen.

Das Erleben von Stress ist ein fester Bestandteil des menschlichen Lebens. Stress ist eine natürliche Reaktion auf die verschiedenen Herausforderungen und Anforderungen des Alltags. Stress kann durch eine Vielzahl von Situationen ausgelöst werden, die in ihrer Intensität von kleinen Unannehmlichkeiten bis hin zu großen Lebenskrisen reichen können. Diese Auslöser können von einem einfachen Stau, durch den Sie zu spät zu einem Termin kommen, bis hin zu schwerwiegenderen Ereignissen wie dem Verlust des Arbeitsplatzes, einer Krankheit oder einer Familienkrise reichen.

Sie sollten sich darüber im Klaren sein, dass Stress etwas sehr Individuelles ist. Was für die eine Person ein Stressfaktor ist, kann für eine andere Person vollkommen unbedeutend sein. Bei jemandem, der introvertiert oder schüchtern ist, kann eine Rede in der Öffentlichkeit zum Beispiel immensen Stress verursachen, während eine solche Präsentation für jemanden, der gerne im Rampenlicht steht, eine aufregende Erfahrung sein kann. Das Gleiche gilt für andere Stressfaktoren, wie z.B. gesellschaftliche Ereignisse, Termine oder sogar bestimmte Umgebungen. Diese Variabilität ist auf individuelle Unterschiede in der Persönlichkeit, Lebenserfahrung, Bewältigungsstrategien und sogar auf genetische Faktoren zurückzuführen.

Ein wichtiger erster Schritt zur Stressbewältigung besteht darin, Ihre persönlichen Stressfaktoren besser zu verstehen. Bessere Selbsterkenntnis kann Ihnen dabei helfen, herauszufinden, welche Situationen oder Ereignisse den Stress bei Ihnen auslösen. Regelmäßige Selbstgespräche und das Achten auf Anzeichen von Stress können Ihnen dabei helfen. Diese Anzeichen können körperlicher Natur sein (z.B. Kopf- oder Magenschmerzen), emotionaler Natur (z.B. wenn Sie sich überfordert oder gereizt fühlen) oder verhaltensbedingt sein (z.B. veränderte Schlaf- oder Essgewohnheiten).

Sobald Sie Ihre Stressfaktoren identifiziert haben, müssen Sie den Stress, den diese bei Ihnen verursachen, anerkennen und akzeptieren. Stress ist nicht von Natur aus negativ – stattdessen handelt es sich um eine normale Reaktion, die manchmal sogar nützlich sein kann, z.B. wenn er Ihnen die nötige Motivation liefert, um eine Frist einzuhalten oder das Adrenalin, um auf eine Gefahr zu reagieren. Wenn Sie die

Situation annehmen, bedeutet das aber nicht, dass Sie sie mögen oder sich mit dem Leiden abfinden müssen. Stattdessen bedeutet es, dass Sie Ihre Gefühle anerkennen, ohne sie zu verurteilen, und wissen, dass es in Ordnung ist, wenn Sie sich gestresst fühlen.

Eine wirksame Stressbewältigungsstrategie ist unerlässlich, um die potenziellen negativen Auswirkungen von Stress auf Ihre geistige und körperliche Gesundheit zu mindern. Chronischer Stress kann zu verschiedenen Gesundheitsproblemen beitragen, darunter psychische Störungen wie Depressionen und Angstzustände, Herz-Kreislauf-Erkrankungen, Verdauungsprobleme, ein geschwächtes Immunsystem und kognitive Probleme wie Gedächtnis- und Konzentrationsstörungen.

Es gibt viele Strategien, mithilfe derer Sie Stress effektiv bewältigen können. Eine der einfachsten ist regelmäßiger Sport, der Stresshormone abbauen und die Produktion von Endorphinen, den natürlichen Stimmungsaufhellern Ihres Körpers, anregen kann. Eine andere ist eine gesunde Ernährung, denn eine schlechte Ernährung kann die Stressreaktion Ihres Körpers verschlimmern.

Achtsamkeits- und Entspannungstechniken wie Meditation, tiefes Atmen und Yoga können den Stress ebenfalls erheblich reduzieren. Diese Praktiken können Ihnen dabei helfen, sich auf den gegenwärtigen Moment zu konzentrieren und Sorgen über die Vergangenheit oder die Zukunft zu reduzieren, die sonst zukünftigen Stress verursachen könnten.

Eine weitere wichtige Möglichkeit zur Stressbewältigung ist die Aufrechterhaltung eines starken Unterstützungsnetzwerks. Dazu können Familie, Freunde oder Fachleute wie Therapeuten oder Berater gehören. Jemand, mit dem Sie reden können, kann Ihnen eine andere Sichtweise vermitteln, Ratschläge geben oder einfach nur ein offenes Ohr für Ihre Sorgen haben.

Es ist auch wichtig, dass Sie sich ausreichend Zeit für Ruhe und Entspannung nehmen. Das kann ein Spaziergang in der Natur sein, ein Hobby, ein Buch oder eine andere Aktivität, die Ihnen Freude und Entspannung bringt.

Jeder Mensch erlebt Stress, und es ist in Ordnung, wenn Sie um Hilfe zu bitten, wenn Sie sich dadurch überfordert fühlen. Mit Verständnis, Akzeptanz und effektiven Bewältigungsstrategien kann Stress erfolgreich bewältigt werden und schließlich zu Ihrem persönlichen Wachstum und Ihrer Widerstandsfähigkeit beitragen.

Kapitel 7: Dunkle Gedanken: Wie Sie mit negativen, dunklen Gedanken umgehen

Haben Sie manchmal das Gefühl, dass Ihr Geist wie ein Geisterhaus ist, in dem dunkle Gedanken jeden Moment über Sie hereinbrechen können? Vielleicht denken Sie in solchen Situationen, dass es kein Entkommen von den aufdringlichen Gedanken gibt und glauben, dass Sie deshalb ein schlechter oder psychisch instabiler Mensch sind. Aber das stimmt alles überhaupt nicht. Viele Menschen, die mit dunklen Gedanken zu kämpfen haben, haben diese aufdringlichen Gedanken und negativen Emotionen schon mal in ihrem Leben erlebt. Das Schlimmste an dieser Erfahrung ist, dass Sie sich dabei ganz und gar allein fühlen. Dunkle Gedanken können dazu führen, dass Sie sich wie erdrückt und ausgelaugt fühlen und verängstigt sind. Aber Sie müssen sich nicht ewig mit ihnen herumschlagen und schon gar nicht allein.

Negative Gedanken können sich manchmal wie ein dunkler Raum anfühlen, dem Sie nicht entkommen können.

Das Schlimmste an dunklen und aufdringlichen Gedanken ist, dass sie unberechenbar sind. Sie können von überall herkommen, mit oder ohne erkennbaren Grund. Obwohl die Menschen glauben, dass solche Gedanken nur durch traumatische Ereignisse oder schwierige Situationen entstehen, treten sie oft durch unerklärliche Umstände auf. Es ist möglich, dass sie durch ein traumatisches Erlebnis aus Ihrer Vergangenheit auftreten, oder dass Sie sich aufgrund einer Reihe von verschiedenen Ereignissen mit der Zeit angesammelt haben. In jedem Fall können diese Gedanken für Sie so lähmend sein, dass sie dazu führen, dass Sie sich von Ihren Freunden und Ihrer Familie zurückziehen.

Wenn dunkle Gedanken die Oberhand gewinnen, scheint es, als sei es unmöglich, ihnen zu entkommen. Vielleicht haben Sie sogar das Gefühl, festzustecken. Egal, wie sehr Sie sich bemühen, Sie können Ihre ungesunden Denkmuster einfach nicht durchbrechen. Die gute Nachricht ist jedoch, dass es wider Erwarten einen Ausweg gibt. Sie müssen nur die richtigen Strategien anwenden, aber mit etwas Übung und Entschlossenheit gibt es wirklich nichts, was Sie nicht erreichen können. Negative Denkmuster und dunkle Gedanken können allerdings auch auf eine bestimmte psychische Störung zurückzuführen sein. In diesem Fall sollten Sie unbedingt professionelle Hilfe in Anspruch nehmen. Wenn diese dunklen Gedanken jedoch aus dem Nichts auftauchen, gibt es mehrere Möglichkeiten, um sie zu bekämpfen.

Wenn Sie erst einmal die Psychologie, die hinter diesen Gedanken steckt, verstehen, fällt es Ihnen schnell viel einfacher, direkt mit ihnen umzugehen. In diesem Kapitel erfahren Sie, wie Sie dies effektiv tun können. Es enthält nicht nur klinische Ratschläge und Strategien, sondern lässt Sie auch wissen, dass Sie nicht allein sind. Ganz gleich, ob Sie jemand sind, der täglich mit negativen und dunklen Gedanken zu kämpfen hat oder der nach einem bestimmten Ereignis Schwierigkeiten hat, seine Gedanken zu kontrollieren, dieses Kapitel kann Ihnen weiterhelfen. Wir hoffen, dass Sie am Ende dieses Kapitels Ihre aufdringlichen Gedanken und negativen Denkmuster besser im Griff haben.

Das Stigma, das dunkle Gedanken umgibt

Ein dunkler Geist kann sich wie eine schwere Gewitterwolke über Ihrem Kopf anfühlen, die Sie auf Schritt und Tritt verfolgt. Dunkle Emotionen können von gestressten, traurigen oder pessimistischen bis hin zu intensiveren und sogar gefährlichen Gedanken reichen. Denken Sie zum Beispiel manchmal: „Was wäre, wenn ich jetzt in den Gegenverkehr geriete?" oder kommen Ihnen Gedanken wie „Ich bin nicht gut genug" oder „Vielleicht wären meine Freunde ohne mich besser dran" in den Kopf? Dies sind typische Beispiele für düstere Gedanken; fast jeder hat gelegentlich mit solchen Einfällen zu tun. Bei manchen Menschen können diese Gedanken jedoch sehr häufig auftreten und überwältigend werden. Das ist der Zeitpunkt, an dem sie beginnen, Ihr tägliches Leben zu beeinträchtigen. Wenn zum Beispiel ein Schüler, der sich in der Schule abmüht, häufig Gedanken hat wie „Ich bin nicht gut genug, um auf ein College zu kommen" oder „Ich bin nicht klug genug, um erfolgreich zu sein", wird diese Person schließlich anfangen, ihren Gedanken zu glauben. Derartige Gedanken können dazu führen, dass sich jemand hoffnungslos und unglücklich fühlt. Dadurch wird es für die Person, die mit den Zweifeln zu kämpfen hat, noch schwieriger, sich auf ihr Studium zu konzentrieren oder ihre Leistungen in der Schule zu verbessern.

Tatsächlich ist es so, dass jeder negative Gedanken erlebt, und sie können sogar als normaler Teil des Lebens betrachtet werden. Normale negative Gedanken können von leichten Selbstzweifeln bis hin zu Gefühlen der Einsamkeit reichen. Ernst wird es jedoch, wenn Sie extrem negative oder dunkle Gedanken haben. In den meisten Fällen ist es den Menschen peinlich, über diese Gefühle zu sprechen, vor allem, wenn sie ständig mit Botschaften bombardiert werden, die Ihnen sagen, dass sie glücklich sein und positiv denken sollen. Das Stigma, das dunkle Gedanken umgibt, kann das Sprechen über diese Erfahrungen für viele Menschen zu einer Herausforderung machen. Vielleicht fühlen Sie sich schwach - oder sogar, als seien Sie *schrecklich* -, weil Sie diese Gedanken haben, und teilen diese Gefühle deshalb mit niemandem, nicht einmal mit Ihren Angehörigen. Sie sollten jedoch wissen, dass dunkle Gedanken Sie weder zu einem schlechten Menschen machen, noch als Zeichen von Charakterschwäche gelten. Wenn Sie sich wegen dieser Gedanken schuldig fühlen, ist das im Gegenteil sogar ein Beweis dafür, dass Sie ein Gewissen haben und eigentlich ein guter Mensch sind. Wenn Sie diese Gedanken anerkennen und ansprechen, ist das der erste Schritt zur Verbesserung Ihrer psychischen Gesundheit.

Vielen Menschen fällt es nicht leicht, diese Gedanken anderen mitzuteilen, und das aus gutem Grund. Jemand, der zum Beispiel mit Ängsten zu kämpfen hat und sich endlich dazu durchringt, diese mit seinem Freund oder seinen Eltern zu teilen kann es vorkommen, dass die Eltern/Freunde die Beschwerden ignoriert und wenig hilfreiche Antworten gegeben haben wie „Reiß dich zusammen" oder „Das bildest du dir nur ein". Anstatt das Problem anzusprechen und die Person so zu akzeptieren, wie sie ist, oder zu versuchen, ihr bei ihren Problemen zu helfen, kann es zu Unverständnis kommen. Diese abschätzigen Kommentare können dazu führen, dass sich die betroffene Person noch einsamer fühlt und sich vermehrt zurückzieht. Leider sind solche Erfahrungen nur allzu häufig und machen den Menschen Angst davor, über ihre psychischen Probleme zu sprechen, was sie daran hindert, die Hilfe zu bekommen, die sie brauchen.

Wissenschaftliche Erklärungen für dunkle Gedanken

Haben Sie sich jemals gefragt, was mit Ihnen los ist und warum Sie diese dunklen Gedanken haben? Haben Sie sich jemals gefragt, woher diese Gedanken überhaupt kommen? Der menschliche Verstand kann ziemlich beunruhigende Situationen heraufbeschwören, von der Vorstellung der schlimmsten möglichen Situation, in die man sich begeben kann, bis hin zu schrecklichen Dingen, die geliebten Menschen zustoßen - aber warum haben wir diese Gedanken überhaupt? Aus rein evolutionärer Sicht dienen negative Gedanken einem wichtigen Zweck.

Das menschliche Gehirn ist so verdrahtet, dass es sich auf potenzielle Bedrohungen und Gefahren aus der Umwelt konzentriert, damit wir Menschen wachsam bleiben und gefährliche Situationen vermeiden können. Es ist sogar wissenschaftlich erwiesen, dass der menschliche Verstand auf negative Reize stärker reagiert als auf positive Reize.

In der modernen Welt sind die Menschen nicht mehr mit der Unsicherheit und den Gefahren konfrontiert, die sie früher bewältigen mussten. Dennoch interpretiert das Gehirn auch harmlose Situationen als potenziell gefährlich, was den Teil Ihres Gehirns aktivieren kann, der für übermäßiges Grübeln und unnötige Sorgen verantwortlich ist. Zweifellos war dies in der Vergangenheit eine hilfreiche menschliche Reaktion, aber heute kann sie Ihrer geistigen Gesundheit eher abträglich sein. Sie sollten wissen, dass jeder Mensch gelegentlich negative Gedanken hat. Wenn diese Gedanken jedoch hartnäckig und intensiv werden, kann dies ein Symptom einer psychischen Erkrankung sein.

Wenn Sie unter anhaltenden negativen Gedanken oder Emotionen leiden, sollten Sie sich an einen Psychologen wenden. Er kann Ihre Symptome beurteilen und Ihnen dabei helfen, einen Behandlungsplan zu entwickeln, der Ihren individuellen Bedürfnissen entspricht.

Aus wissenschaftlicher, genauer gesagt aus neurologischer Sicht können negative Gedanken bestimmte Teile des Gehirns aktivieren, die mit der Emotionsregulierung in Verbindung stehen. Die Amygdala, die mit der Verarbeitung von Emotionen verbunden ist, kann bei Menschen mit Angstzuständen, Depressionen oder anderen psychischen Störungen hyperaktiv werden. Diese Hyperaktivität führt dazu, dass die Betroffenen stärker auf negative Reize reagieren als normale Menschen und daher intensivere negative Emotionen wie Angst, Traurigkeit, Selbstmordgedanken usw. empfinden.

Aufdringliche Gedanken: Die verschiedenen Arten besser verstehen

Als negativer Denker haben Sie wahrscheinlich schon mehrfach mit aufdringlichen Gedanken zu kämpfen gehabt. Diese Gedanken sind in der Regel unerwünschte und belastende Ideen oder Bilder, die ohne Vorwarnung in Ihrem Kopf auftauchen. Oft sind sie beunruhigend oder unheimlich, und Sie fühlen sich durch diese Gedanken peinlich berührt oder schuldig. Diese Gedanken können entweder flüchtig sein oder tagelang in Ihrem Kopf bleiben und kommen meist wie aus dem Nichts, weshalb es so schwer ist, herauszufinden, wie man mit ihnen umgehen soll. Vielleicht haben Sie sich schon einmal dabei ertappt, dass Sie etwas tun in Gedanken tun wollten, was Sie nicht wirklich tun wollen, z.B. jemanden verletzen, der Ihnen etwas bedeutet, Ihren Partner betrügen oder etwas Unangemessenes in der Öffentlichkeit sagen. Dies alles sind Beispiele aufdringlicher Gedanken. Derartige Einfälle können beunruhigend sein, wenn sie sich häufen, und Ihnen mit der Zeit sogar das Gefühl geben, ein schlechter Mensch zu sein, weil Sie derartige Gedanken haben. Sie sollten jedoch bedenken, dass viele Menschen aufdringliche Gedanken haben und dass derartige Erfahrungen auch mit einigen psychischen Krankheiten in Verbindung gebracht werden. Dazu gehören:

1. Aufdringliche Gedanken aufgrund von Zwangsstörungen

Aufdringliche Gedanken bei Zwangsstörungen können wie folgt aussehen: Sie gehen die Straße entlang und plötzlich kommt Ihnen der aufdringliche Gedanke, dass Sie den Herd zu Hause angelassen haben und dass Ihr Haus dadurch abbrennen wird. Obwohl Sie sich daran erinnern, dass Sie den Herd ausgeschaltet haben, geht Ihnen der Gedanke nicht mehr aus dem Kopf und Sie beginnen, an Ihrer Erinnerung zu zweifeln. Dieser Gedanke nagt so lange an Ihnen, bis Sie umdrehen und zu Ihrem Haus zurückkehren, um den Herd zu überprüfen.

Dies ist nur ein allgemeines Beispiel dafür, wie aufdringliche Gedanken bei Zwangsstörungen aussehen können. Diese Gedanken machen Sie ängstlich und führen zu einer Störung Ihres täglichen Lebens. Sie mögen zunächst wie kleine Sorgen erscheinen, aber wenn sie häufiger auftreten, können sie Ihre Fähigkeit, im Alltag normal zu funktionieren, beeinträchtigen. Zu den anderen Beispielen für aufdringliche Gedanken bei Zwangsstörungen gehören:

- Eine irrationale Angst davor, dass Sie jemanden verletzen werden, obwohl Sie nicht die Absicht haben, dies absichtlich zu tun.

- Angst vor Kontamination durch Keime oder Chemikalien.

- Angst davor, dass Sie die Kontrolle über Ihren Körper verlieren, wenn Sie Auto fahren oder auf einem hohen Gebäude stehen.

Diese Gedanken können zwar sehr beunruhigend und schwer zu bewältigen sein, aber Sie sollten stets bedenken, dass derartige

Gedanken keinesfalls Ihre Persönlichkeit widerspiegeln. Eine Zwangsstörung macht nicht Ihre gesamte Persönlichkeit aus.

2. Aufdringliche Gedanken durch eine posttraumatische Belastungsstörung (PTBS)

Wenn Sie eine traumatische Situation erlebt haben, die bei Ihnen die Symptome einer posttraumatischen Belastungsstörung hervorgerufen hat, dann haben Sie wahrscheinlich auch mit den aufdringlichen Gedanken zu kämpfen, die mit dieser Störung einhergehen. Der Umgang mit diesen aufdringlichen Gedanken kann sich so anfühlen, als wären Sie in einem nicht enden wollenden Horrorfilm gefangen. Die Szenen und Bilder Ihres traumatischen Ereignisses spielen sich immer wieder in Ihrem Kopf ab, was zu weiterer emotionaler und geistiger Belastung führt. Diese Gedanken können dazu führen, dass Sie das Gefühl haben, die belastenden Momente immer wieder zu erleben. Sie können durch Geräusche, Gerüche, ähnliche Situationen oder sogar vorübergehende Gedanken ausgelöst werden.

Ein Kriegsveteran kann zum Beispiel aufdringliche Gedanken an Schüsse oder Bombenexplosionen haben, die durch laute Geräusche oder plötzliche Bewegungen in seinem Umfeld ausgelöst werden können. In ähnlicher Weise kann ein Überlebender eines sexuellen Übergriffs Flashbacks von dem Ereignis und aufdringliche Gedanken haben, die ihm suggerieren, er solle sich selbst verletzen. Selbst scheinbar kleine Dinge wie ein bestimmtes Lied oder ein bestimmter Geruch können bei den Betroffenen schmerzhafte Erinnerungen hervorrufen. Aufdringliche Gedanken durch PTBS können sich auch in Form von Scham- und Schuldgefühlen äußern. Die Schuldgefühle des Überlebenden können beispielsweise zu dunklen, aufdringlichen Gedanken führen, bei denen Sie sich fragen, ob Sie etwas hätten anders machen können, um das traumatische Ereignis zu verhindern oder anderen zu helfen.

Manchmal können diese aufdringlichen Gedanken zu einem Vermeidungsverhalten führen, bei dem Sie versuchen, jede Situation zu vermeiden, die auch nur den Anschein erweckt, als könnte Sie Ihre Gedanken oder Erinnerungen auslösen. Dies kann wiederum zu sozialer Isolation führen und Ihre Funktionsfähigkeit im täglichen Leben beeinträchtigen. Sie sollten sich immer vor Augen führen, dass das Erleben einer PTBS oder die damit verbundenen aufdringlichen Gedanken Sie nicht schwach machen. Trotzdem sollten Sie sich professionelle Hilfe suchen, wenn Sie aufgrund Ihrer Symptome nicht mehr Ihrem Alltag nachgehen können.

3. Aufdringliche Gedanken durch eine generalisierte Angststörung (GAS)

Aufdringliche Gedanken sind ziemlich heimtückisch, denn sie können wie aus dem Nichts und ohne Vorwarnung auftauchen. Ehe Sie sich versehen, stecken Sie in einem aufdringlichen Gedanken fest, der keinen Sinn ergibt, der aber nicht verschwinden will. Vielleicht haben Sie an etwas Schlimmes gedacht, das Ihren Angehörigen zugestoßen ist, an etwas, das noch gar nicht passiert ist, oder Sie haben sich einfach zu sehr auf Fehler, die Sie in der Vergangenheit gemacht haben, fixiert. Vielleicht gehen Sie zum Beispiel die Straße entlang und plötzlich kommen Ihnen Gedanken wie „Was wäre, wenn ich von einem Auto angefahren würde?" oder „Was wäre, wenn ein Bus mich überfahren würde?" Sie wissen zwar, dass das wahrscheinlich nicht passieren wird, aber der aufdringliche Gedanke lässt sich nicht verscheuchen. Vielleicht denken Sie plötzlich an einen peinlichen Moment aus der Vergangenheit und verbringen den Rest des Tages damit, über dieses Ereignis nachzudenken, anstatt etwas anderes zu erledigen.

Diese negativen Gedanken können sehr anstrengend sein und dazu führen, dass Sie sich in Ihrem Kopf gefangen fühlen. Sie führen auch zu Gefühlen der Angst und Besorgnis, die Ihre geistige Gesundheit und Ihren Tagesablauf erheblich beeinträchtigen können. Jeder hat manchmal aufdringliche Gedanken, aber wenn diese Gedanken übermächtig werden und Ihre Fähigkeit, richtig zu funktionieren, zu beeinträchtigen, wissen Sie, dass die Angst zu einem Problem geworden ist. In diesem Fall leiden Sie möglicherweise an einer generalisierten Angststörung (GAD).

Aufdringliche Gedanken, die mit dieser psychischen Störung in Verbindung gebracht werden, sind meist hartnäckig und wiederholen sich oft. Sie ertappen sich beispielsweise dabei, wie Sie sich über Dinge Sorgen machen, die andere als unwahrscheinlich oder irrational abgetan hätten. Sie stellen sich oft den schlimmstmöglichen Ausgang einer Situation vor. Diese Gedanken führen zu einem allgemeinen Gefühl der Untergangsstimmung, das Ihren Alltag prägt. Dadurch fällt es Ihnen schwer, die Gegenwart zu genießen. Wenn Ihnen dies alles bekannt vorkommt, sollten Sie sich eine professionelle Diagnose stellen lassen, denn dann haben Sie vielleicht die Ursache vieler Ihrer Probleme gefunden. Es gibt viele Möglichkeiten, um mit GAS und den damit einhergehenden aufdringlichen Gedanken umzugehen. Denken Sie daran, dass Sie mit dieser Herausforderung nicht allein sind und dass es kein Zeichen von Schwäche ist, wenn Sie sich Hilfe suchen.

Wie man aufdringliche Gedanken identifiziert

Die meisten Menschen haben schon einmal aufdringliche Gedanken, übertriebene Denkgewohnheiten und negative Gedankenmuster erlebt. Viele Arten von Gedanken können als aufdringlich betrachtet werden. Wenn Sie jedoch davon ausgehen, dass jeder negative Gedanke, den Sie haben, ein aufdringlicher Gedanke ist, sind Ihre wahren Probleme schwerer zu erkennen. Wie können Sie also feststellen, ob ein Gedanke aufdringlich ist oder nicht? Nun, hier ist ein kreatives Gedankenexperiment:

Stellen Sie sich Ihre Gedanken wie Gäste bei einer Hausparty vor. Das Haus ist Ihr Gehirn, und einige Gäste sind willkommen, weil sie Lachen, Spaß und gute Gesprächsthemen mitbringen, während andere uneingeladen auftauchen, ohne Vorwarnung hereinplatzen, alles durcheinanderbringen und sich weigern zu gehen. Diese ungebetenen Gäste sind Ihre *aufdringlichen Gedanken,* und sie können gefährlich oder einfach nur lästig werden. Wie schlechte Gäste können sie Ihnen die Laune und die ganze Party verderben. Um also zu erkennen, ob ein Gedanke ein ungebetener Gast oder nur ein vorübergehender Besucher ist, beachten Sie die folgenden Tipps:

- Achten Sie auf die Häufigkeit, mit der der Gedanke auftritt. Wenn er Ihnen immer wieder in den Sinn kommt, öfter als andere, selbst wenn Sie ihn wegschieben oder versuchen, sich abzulenken, handelt es sich möglicherweise um einen aufdringlichen Gedanken.

- Achten Sie auf die Emotion, die mit dem Gedanken einhergeht. Aufdringliche Gedanken bringen in der Regel eine Flut von negativen Emotionen mit sich, darunter Schuldgefühle, Scham, Angst, Furcht oder Traurigkeit. Sie haben dadurch vielleicht das Gefühl, die Kontrolle zu verlieren oder sogar verrückt zu werden.

- Achten Sie auf den Inhalt des Gedankens. Aufdringliche Gedanken enthalten meist unterschiedliche und beunruhigende Themen wie Gefahr, Tod oder Sexualität. Wenn ein Gedanke für Sie untypisch zu sein scheint, könnte es sich um einen aufdringlichen Gedanken handeln.

Bewältigungsstrategien zum Umgang mit dunklen Gedanken

Der Umgang mit dunklen und aufdringlichen Gedanken ohne äußere Hilfe kann dazu führen, dass Sie sich wirklich allein fühlen. Sie denken wahrscheinlich, dass niemand sonst Ihre Verzweiflung und das, was Sie durchmachen, verstehen kann. Sie sollten jedoch wissen, dass Sie mit Ihrer Erfahrung keineswegs allein sind und dass es viele Bewältigungsstrategien gibt, die Sie einsetzen können, um mit diesen Gedanken besser umzugehen. Vielleicht ertappen Sie sich häufig dabei, dass Sie tagsüber abschalten und sich in Ihren negativen Gedanken verlieren, oder vielleicht haben Ihre dunklen Gedanken bereits die Oberhand gewonnen und Sie können nicht einmal mehr das Bett verlassen, um sich dem Leben zu stellen. Was auch immer es sein mag, seien Sie sich bewusst, dass Sie kein hoffnungsloser Fall sind und dass Sie letztendlich Ihren Weg aus der Dunkelheit ins Licht finden werden! Hier sind einige Bewältigungsstrategien, die Ihnen dabei helfen können, mit Ihren dunklen Gedanken umzugehen und sich so etwas Erleichterung zu verschaffen:

1. Erdung

Geraten Sie plötzlich in Panik, wenn Ihre dunklen Gedanken sich weigern, Ihren Geist zu verlassen? Taucht ein sich wiederholender, aufdringlicher Gedanke immer wieder ohne Grund in Ihrem Kopf auf? An dieser Stelle kann eine Strategie zur Erdung sehr hilfreich sein. Diese Übungen helfen Ihnen dabei, die Kontrolle über Ihren Geist zu erlangen und Sie in die Gegenwart zurückzubringen, anstatt in Ihren Gedanken festzustecken. Die 5-4-3-2-1-Übung ist eine unterhaltsame und effektive Erdungsmethode, die Sie immer dann anwenden können, wenn Sie sich davor sorgen, in Ihren dunklen Gedanken zu versinken:

- Atmen Sie tief durch und schauen Sie sich in dem Raum um, um fünf Dinge zu finden, die Sie in Ihrem Umfeld erkennen können. Dabei kann es sich um alles Mögliche handeln, von Möbeln über Bücher bis hin zu Bildern oder Menschen. Konzentrieren Sie sich auf jedes dieser 5 Dinge und achten Sie auf alle Details.

- Suchen Sie als Nächstes nach 4 Dingen, die Sie anfassen können. Vielleicht den Stoff Ihres Hemdes, die Textur Ihrer Haare oder die Oberfläche eines Tisches in Ihrer Nähe. Achten Sie genau darauf, wie sich diese Materialien auf Ihrer Haut anfühlen.

- Identifizieren Sie anschließend 3 Dinge, die Sie hören können. Vielleicht läuft in Ihrem Zimmer gerade Musik oder Sie hören draußen Vögel zwitschern. Vielleicht hören Sie sogar das Summen der Klimaanlage, wenn Sie genau aufpassen.

- Finden Sie nun 2 Dinge, die Sie riechen können. Das ist etwas schwieriger, aber Sie können bestimmt ein bestimmtes Aroma finden, wenn Sie sich genug konzentrieren. Vielleicht riechen Sie das Essen, das in der Nähe gekocht wird, den Geruch des Regens oder den Duft des Parfums von jemandem in Ihrer Umgebung.

- Schließlich sollten Sie etwas finden, das Sie schmecken können. Vielleicht haben Sie einen Kaugummi oder eine Tüte Chips in der Nähe liegen, und auch ein Schluck Wasser würde sich anbieten. Achten Sie auf den Geschmack und darauf, wie es sich in Ihrem Mund anfühlt.

Erdungsstrategien sind ideal geeignet, um Ihre Aufmerksamkeit wieder auf den gegenwärtigen Moment zu lenken und die Negativität aus Ihrem Kopf zu vertreiben. Sobald Sie sich beruhigt haben und Ihren negativen Gedanken entkommen sind, können Sie die Schönheit des Lebens in den kleinen Dingen wieder wirklich genießen.

2. Tagebuchschreiben

Wenn Sie das Gefühl haben, dass Sie niemanden haben, mit dem Sie über Ihre Probleme sprechen können, und niemanden, mit dem Sie Ihre dunklen Gedanken teilen können, dann sollten Sie ein Tagebuch führen, um Ihren Geist zu beruhigen. Hier sind einige Anregungen, die Sie ausprobieren können:

- Schreiben Sie alle aufdringlichen Gedanken auf, die Ihnen in den Sinn kommen. Haben Sie keine Angst, für Ihre Gedanken verurteilt zu werden, denn dieses Tagebuch sollte nur von Ihnen gelesen werden.

- Sobald Sie Ihre Gedanken aufgeschrieben haben, sollten Sie versuchen, sie mit Neugier zu betrachten, anstatt über sie zu urteilen.

- Identifizieren Sie alle Muster, Themen oder Auslöser, die in Ihren Gedanken auftauchen. Sie werden sicher einige Auslöser entdecken, die Sie dann in Zukunft vermeiden können.

Denken Sie daran, dass diese Strategie keine Alternative zur Inanspruchnahme professioneller Hilfe ist, wenn Sie mit ernsthaften psychischen Problemen zu kämpfen haben. Das Schreiben von Tagebüchern kann Ihnen jedoch das Gefühl geben, dass Sie sich leichter fühlen, besonders wenn Sie das Gefühl haben, niemanden zu haben, an den Sie sich wenden können.

3. Affirmationsglas

Ein Affirmationsglas liefert Ihnen immer dann unterstützende Aussagen, wenn Sie sie am meisten brauchen. Um sich ein Affirmationsglas zu machen, nehmen Sie sich einige Papierstreifen und schreiben Sie darauf positive Affirmationen oder Zitate auf, die für Sie von großer Bedeutung sind. Je persönlicher diese Aussagen sind, desto besser wird diese Methode für Sie funktionieren. Falten Sie die Papierstreifen nach dem Aufschreiben der Affirmationen zusammen und legen Sie sie in das Glas. Hier sind einige Sätze, die Sie in Ihr Affirmationsglas tun können:

- Ich bin es wert, geliebt und respektiert zu werden.

- Ich bin in der Lage, alles zu bewältigen, was auf mich zukommt.

- Ich traue mir zu, die richtigen Entscheidungen zu treffen.

- Ich bin gut, so wie ich bin.

- Ich verdiene Glück und Freude.

- Ich wachse und lerne ständig.

- Ich bin stark und widerstandsfähig.

- Ich bin in der Lage, meine Ziele zu erreichen.

- Ich habe die Kontrolle über meine Gedanken und Gefühle.

- Ich bin von Liebe und Positivität umgeben.

Wann immer Sie mit Selbstzweifeln zu kämpfen haben oder sich für aufdringliche Gedanken schämen, nehmen Sie ein Blatt Papier zur Hand und lesen Sie sich die Affirmation laut vor. Wiederholen Sie die Aussage so oft wie nötig, bis Sie sie glauben. Dies wird Ihren negativen Gedankenkreislauf unterbrechen und Ihnen dabei helfen, Ihre Gedanken und Emotionen besser unter Kontrolle zu bringen.

Dunkle Gedanken können ein furchtbarer Gegner sein, aber mit den richtigen Werkzeugen und der richtigen Einstellung können Sie lernen, sie allmählich zu besiegen. Ob Sie nun meditieren, Erdungstechniken anwenden oder ein gutes, altmodisches Affirmationsglas benutzen, es gibt viele Möglichkeiten, Ihren Fokus auf Positivität und Hoffnung zu richten. Denken Sie daran, dass Sie ein wunderbarer Mensch mit ganz eigenen Stärken und Fähigkeiten sind. Scheuen Sie sich nicht davor, zu experimentieren, neue Dinge auszuprobieren und herauszufinden, was für Sie am besten funktioniert.

Kapitel 8: Zeit- und Energiemanagement

„Ihr wichtigstes Kapital ist Ihre Verdienstfähigkeit. Ihre wichtigste Ressource ist Ihre Zeit." -Brian Tracy

Die moderne Welt wird durch ständige Ablenkungen geprägt, daher sind Zeit- und Energiemanagement für das Streben nach Glück und Erfolg unerlässlich, aber es wird noch wichtiger, wenn Sie zum Grübeln neigen sind. Menschen, die zu viel nachdenken, haben in der Regel Probleme mit ihrem Zeit- und Energiemanagement, da sie impulsiv sind und sich leicht ablenken lassen. Zeit und Energie sind endliche Ressourcen, und ein strategischer Umgang mit ihnen kann Sie davor bewahren, sie für triviale Dinge im Unverstand zu verschwenden. Dieses Kapitel enthält praktische Tipps und Strategien, die Ihnen dabei helfen sollen, Ihre Zeit und Ihre Energie zu nutzen, um Ihr volles Potenzial auszuschöpfen.

Zeit- und Energiemanagement können Ihnen dabei helfen, Ihr Potenzial auszuschöpfen.

https://unsplash.com/photos/BlIhVfXbi9s?utm_source=unsplash&utm_medium=referral&utm_content=creditShareLink

Warum sind Zeit und Energie so wichtig für die psychische Gesundheit?

Zeit und Energie sind die Grundpfeiler für den Erhalt der geistigen Gesundheit. Das Erreichen eines harmonischen Gleichgewichts zwischen beiden kann Ihnen den Weg in ein Reich des inneren Friedens und der Zufriedenheit weisen. Im Folgenden wird dieses Konzept genauer erläutert

1. **Zeit fördert die Selbstfürsorge**: Die Selbstfürsorge hat sich in der modernen chaotischen Welt als eine Notwendigkeit erwiesen. Sie ist entscheidend, um die geistige Gesundheit zu fördern und zu erhalten. Selbstfürsorge kann etwas so Einfaches sein wie ein ruhiger Spaziergang im Park, das Lesen eines Buches oder regelmäßige Meditation. Wenn Sie nur fünfzehn Minuten Ihres Tages für solche Aktivitäten aufwenden, kann dies erheblich bei der Stressbewältigung helfen.

2. **Die Zeit erleichtert Ihnen die Verbindung mit anderen:** Wenn Sie Zeit in Beziehungen zu Freunden, Familienmitgliedern und Kollegen investieren, entstehen sinnvolle zwischenmenschliche Verbindungen. Dieses Gefühl der Verbundenheit fördert ein

Gefühl der Zugehörigkeit und der Zielstrebigkeit, die für das geistige Wohlbefinden entscheidend sind.

3. **Zeit für wichtige Pausen:** Die Monotonie der Arbeit kann manchmal überwältigend sein und erfordert einen Schritt zurück, damit Sie sich erholen können. Es ist wichtig, dass Sie sich Zeit für Ruhepausen nehmen, um Ihrem Geist und Körper eine dringend benötigte Pause zu gönnen. So können Sie Ihre Vitalität wiedererlangen und arbeitsbedingten Stress abbauen.

4. **Energie inspiriert zu neuen Entdeckungen:** Energie im Überfluss verleiht Ihnen die Fähigkeit, sich über die Routine hinaus zu wagen und sich auf neue oder kreative Aktivitäten einzulassen, die Freude und Erfüllung in Ihr Leben bringen. Wenn Sie sich auf neue Erfahrungen außerhalb Ihrer Komfortzone einlassen, werden Ihr Selbstwertgefühl und Ihr Selbstvertrauen dadurch gestärkt.

5. **Energie ermöglicht Ihnen ein engagiertes Leben:** Mehr Energie führt oft zu einer höheren Produktivität und verleiht dem Leben seinen Sinn. Ob Sie eine neue Sprache lernen, einem neuen Hobby nachgehen, ein Unternehmen gründen oder ehrenamtliche Arbeit in Ihrer Gemeinde durchführen, spannende Dinge werden Ihnen durch die ausreichende Energie ermöglicht. Derartige Unternehmungen helfen Ihnen dabei, Ihre Träume zu verwirklichen und Ihr verborgenes Potenzial freizusetzen.

6. **Die Energie hilft bei der Stressbewältigung:** Fehlgeleitete Energie für unproduktive Aktivitäten kann Sie erschöpfen und überwältigen. Wenn Sie Ihre Aufgaben strategisch planen, sparen Sie Energie und können so unvorhergesehene Herausforderungen meistern. Auf diese Weise können Sie alle anfallenden Aufgaben bewältigen, ohne in Erschöpfung zu verfallen.

7. **Zeit und Energie steigern die Produktivität:** Ein Bericht der Gesundheitsbehörde der Vereinigten Staaten von Amerika hat ergeben, dass Menschen, die gut ausgeruht sind und vernünftig mit ihrer Energie umgehen, im Leben besser abschneiden als diejenigen, die ununterbrochen arbeiten. Wenn Sie sich Zeit und Energie reservieren, und sei es auch nur in kleinen Schritten, kann dies Stress und Ängste lindern und gleichzeitig Ihre

Produktivität steigern.

8. **Zeit bietet ausreichend Raum zum Nachdenken:** Es ist sehr wichtig für Ihre Gesundheit, dass Sie sich Zeit für die Selbstreflexion nehmen. Dadurch haben Sie auch Zeit zur Selbstbeobachtung, so dass Sie Ihre Gedanken und Gefühle besser verstehen können. Dieses verbesserte Verständnis kann Ihre emotionale Intelligenz verbessern, was zu besseren Beziehungen zu anderen Menschen und einem erhöhten Selbstbewusstsein führt.

9. **Die Energie fördert das körperliche Wohlbefinden:** Energie ist nicht nur für geistige Aktivitäten wichtig, sondern auch für die körperliche Gesundheit. Regelmäßige Bewegung, gute Ernährung und ausreichende Ruhe können Ihr Energieniveau steigern und sich positiv auf Ihr geistiges Wohlbefinden auswirken. Körperliche und geistige Gesundheit sind eng miteinander verknüpft, und eine Verbesserung des einen führt oft auch zu einer Verbesserung des anderen.

Die Bedeutung von Zeit und Energie für Überdenker

Die entscheidende Rolle des Zeit- und Energiemanagements wird für Menschen, die zum Grübeln neigen, noch deutlicher. Ein schlechtes Zeit- oder Energiemanagement geht oft mit erhöhtem Stress und Sorgen einher, so dass Überdenker mit Terminen kämpfen, Schwierigkeiten haben, Aufgaben zu erledigen und sich von den Anforderungen des Lebens überfordert fühlen. Die folgenden Faktoren verdeutlichen diese Zusammenhänge:

Überdenker haben Schwierigkeiten mit dem Zeit- und Energiemanagement, weil sie sich nur schwer konzentrieren können. Angst und Anspannung können den Verstand leicht ablenken, so dass er sich in einem Labyrinth von unzusammenhängenden Gedanken verirrt. Diese Ablenkung verringert die Produktivität und raubt Ihnen wertvolle Zeit und Energie. Einem Bericht der Zeitschrift Journal of Business Research zufolge fällt es Personen, die unter erheblichem Druck stehen, schwer, sich auf ihre Arbeit zu konzentrieren, was sich wiederum nachteilig auf ihre Produktivität auswirkt.

Müdigkeit und Burnout haben ebenfalls einen negativen Einfluss. Überdenker, die oft durch chronischen Stress und Angst belastet werden, kämpfen häufig mit Erschöpfung. Dieser körperliche Tribut kann die Motivation und das Interesse an der Erledigung von Aufgaben mindern. Eine Studie in der Zeitschrift *Journal of Occupational Health Psychology* hat ergeben, dass Überdenker, die unter berufsbedingtem Stress leiden, anfälliger für Müdigkeit und Burnout sind, was ihre Fähigkeit, ihre Zeit und Energie effektiv zu verwalten, untergräbt.

Zusätzlich zu diesen Faktoren kann Desorganisation im persönlichen Terminkalender, in der Wohnung oder im Büro das Zeit- und Energiemanagement zusätzlich erschweren. Eine unübersichtliche Umgebung kann sich erdrückend anfühlen und die Konzentration und Motivation beeinträchtigen. Laut einer Studie in der Zeitschrift *Journal of Applied Psychology* neigen Mitarbeiter an chaotischen Arbeitsplätzen eher zu Burnout, was sich negativ auf ihre Produktivität auswirkt.

Trotz dieser Herausforderungen gibt es Strategien, die Überdenker anwenden können, um ihr Zeit- und Energiemanagement zu verbessern:

- Machen Sie sich Achtsamkeit und Entspannungstechniken zu eigen.
- Kultivieren Sie einen regelmäßigen und stabilen Schlafrhythmus.
- Zerlegen Sie große Aufgaben in kleinere, besser zu bewältigende Teile.
- Nutzen Sie digitale Hilfsmittel wie Kalender, Planer und To-Do-Listen-Apps, um organisiert zu bleiben.

Der Zusammenhang zwischen Stress, Sorgen, Zeit- und Energiemanagement ist komplex und vielschichtig, ohne dass es eine einzige Lösung gibt. Ein aktiver Umgang mit Stress und übermäßigem Denken durch diese Methoden kann Ihnen dabei helfen, die Arbeit und die täglichen Aufgaben effektiver zu bewältigen und Stress und Ängste in Ihrem Leben zu reduzieren.

Es ist wichtig, dass Sie daran denken, dass übermäßiger Stress, übermäßiges Grübeln und Sorgen auch Symptome einer zugrundeliegenden psychischen Erkrankung wie Angststörungen oder Depressionen sein können. Wenn Sie diese Symptome bemerken, sollten Sie unbedingt professionelle medizinische Hilfe in Anspruch nehmen.

Tipps zum Zeitmanagement

1. Schreiben Sie sich eine To-Do-Liste:

Als Überdenker kann man sich leicht einem Netz von Ängsten, Sorgen und Zweifeln verfangen. Vielen Menschen erscheint die Notwendigkeit, verschiedene Aufgaben zu erledigen, überwältigend. In solchen Fällen kann eine To-Do-Liste von unschätzbarem Wert sein.

Wenn Sie eine tägliche To-Do-Liste erstellen, können Sie Ihre Aufgaben in kleinere, überschaubarere Portionen aufteilen. So haben Sie ein Gefühl der Kontrolle über Ihren Tag und können Ablenkungen und übermäßiges Nachdenken vermeiden. Außerdem bietet Ihnen eine solche Liste etwas Struktur für Ihren Tag, und die Liste lässt sich bei Bedarf abhängig von Ihrem Fortschritt anpassen. Vor allem aber handelt es sich um ein hervorragendes Hilfsmittel, um Aufschieberitis zu vermeiden und Ihren Zeitplan konsequent einzuhalten.

Wenn Sie Ihre Liste schreiben, ist es wichtig, dass Sie realistisch und konkret sind. Anstatt Aufgaben wie „Lesen" zu verallgemeinern, sollten Sie Ihre Vorhaben noch weiter untergliedern, also zum Beispiel „Kapitel 6 des Lehrbuchs für Naturwissenschaften lesen" oder „Heute 45 Minuten lang Hausaufgaben machen". Dieser Ansatz hilft Ihnen dabei, Ihre Aufgaben zu visualisieren und sich zu konzentrieren.

Außerdem sollten Sie Ihre Aufgaben nach Dringlichkeit ordnen. Notieren Sie sich zuerst die Aufgaben, die sofort erledigt werden müssen, gefolgt von denen, die später erledigt werden können. Diese Strategie ermöglicht es Ihnen, Ihre Energie auf wichtige Aufgaben zu lenken und sorgt für ein Gefühl der Erleichterung, wenn Sie sich den nachfolgenden Aufgaben zuwenden.

2. Unterteilen Sie große Aufgaben in kleinere Komponenten:

Für Überdenker kann der schiere Umfang der Aufgaben zunächst entmutigend wirken. Die Aufteilung großer Aufgaben in kleinere, besser zu bewältigende Teile kann Ihr Zeitmanagement jedoch erheblich verbessern. Wenn Sie zum Beispiel einen Aufsatz schreiben müssen, sollten Sie sich zunächst eine Gliederung erstellen, dann recherchieren, den Text verfassen und den Entwurf schließlich Korrektur lesen.

Sobald Sie Ihre Aufgaben unterteilt haben, identifizieren Sie diejenigen, die Ihre sofortige und ungeteilte Aufmerksamkeit benötigen, anhand ihrer Frist. Unterteilen Sie die Aufgabe weiter nach einem geplanten Zeitplan. Anstatt z.B. nur zu sagen: „Einen Entwurf schreiben", sagen Sie Dinge wie: „Fünf Seiten des Entwurfs bis 13:30 Uhr". Wenn Sie Ihre Zeit und Energie auf die grundlegenden Elemente der Aufgabe konzentrieren, können Sie mögliche Hürden frühzeitig erkennen und haben genügend Zeit, um Lösungen zu finden. Diese Methode kann die Motivation steigern und ermöglicht es Ihnen, Ihren Fortschritt auf stündlicher Basis zu überwachen.

3. Planen Sie zwischen den Aufgaben Pausen ein:

Wenn Sie zu viel nachdenken, ist es leicht, in Ihren Gedanken zu versinken und Ihre Umgebung zu vernachlässigen. Dieses Verhalten kann zu Erschöpfung und Burnout führen und Ihre Produktivität verringern. Daher ist es wichtig, dass Sie zwischen den Aufgaben Pausen einlegen, um sich zu erholen.

Regelmäßige Pausen während des Tages verbessern die Konzentration und die Produktivität. Wenn Sie Ihrem Gehirn und Ihrem Körper Zeit geben, um sich auszuruhen und zu erholen, können Sie sich anschließend mit neuer Energie und Konzentration wieder Ihren Aufgaben widmen. Kurze, häufige Pausen führen nachweislich zu einer höheren Produktivität als kontinuierliches Arbeiten ohne Pausen.

Die Pomodoro-Technik, bei der 25 Minuten gearbeitet wird, gefolgt von einer 5-minütigen Pause, kann besonders effektiv sein. Manche Menschen empfehlen, dass man eine 30-minütige Pause einlegt, um sich zu dehnen und sich zu bewegen, was den Kopf freimachen kann. Probieren Sie verschiedene Strategien aus, um zu sehen, welche für Sie am besten funktioniert.

Pausen steigern nicht nur die Produktivität, sondern bieten Ihnen auch zahlreiche gesundheitliche Vorteile. Langes Sitzen kann zu einer schlechten Körperhaltung und Rückenschmerzen führen und das Risiko von Herz-Kreislauf-Erkrankungen erhöhen. Pausen, in denen Sie sich dehnen, spazieren gehen oder entspannen, können solche Gesundheitsrisiken mindern und das allgemeine Wohlbefinden verbessern.

4. Vermeiden Sie Multitasking:

Multitasking mag Ihnen zwar wie eine effiziente Möglichkeit erscheinen, um mehrere Aufgaben auf einmal zu bewältigen, aber es ist oft eine trügerische Falle, die zu ineffektiven Ergebnissen führt. Der ständige Wechsel zwischen Aufgaben kann den Stresspegel erhöhen und die Produktivität verringern, so dass Sie am Ende des Tages möglicherweise mit unvollständigen Ergebnissen dastehen. Das liegt daran, dass Multitasking Ihre Aufmerksamkeit aufteilt und dazu führt, dass kleine Details übersehen werden, wodurch Fehler entstehen.

Es ist ratsam, sich jeweils nur auf eine Aufgabe zu konzentrieren, um die Produktivität und Effizienz zu maximieren. Das bedeutet nicht, dass Sie sich stundenlang mit einer einzigen Aufgabe beschäftigen müssen. Vielmehr geht es darum, dass Sie sich Ihre Zeit angemessen einteilen, sich erreichbare Ziele zu setzen und auf der Grundlage Ihrer Prioritäten arbeiten. Die Minimierung von Ablenkungen, wie z.B. das Ausschalten Ihres Telefons oder der Verzicht auf soziale Medien, kann dazu beitragen, dass Sie sich über längere Zeiträume konzentrieren können.

Nachdem Sie ein Ziel erreicht haben, werden Sie ein Gefühl der Erfüllung verspüren, das Sie Ihrem eigentlichen Ziel einen Schritt näher bringt. Das stärkt nicht nur Ihr Selbstvertrauen, sondern ermöglicht es Ihnen auch, Ihre Fortschritte zu bewerten und bei Bedarf anzupassen.

Qualität ist immer besser als Quantität. Anstatt zu versuchen, mehrere Aufgaben auf einmal zu erledigen, konzentrieren Sie sich auf eine Aufgabe nach der anderen. Dieser Ansatz führt zu weniger Stress, höherer Produktivität und letztendlich zu besseren Ergebnissen.

5. Vermeiden Sie es, sich mit vergangenen Fehlern oder Zukunftsängsten zu beschäftigen:

Wer zu viel nachdenkt, verfällt häufig in einen Kreislauf, in dem er sich über Fehler aus der Vergangenheit ärgert oder sich zukünftige Ungewissheiten ausmalt. Derartiges Grübeln kann jedoch die Produktivität und das allgemeine Wohlbefinden beeinträchtigen.

Hier ist das richtige Zeitmanagement entscheidend. Indem Sie sich auf den gegenwärtigen Moment konzentrieren, können Sie sich von den Fesseln des Bedauerns und der Ängste der Vergangenheit befreien. Diese Verschiebung des Fokus ermöglicht es Ihnen, die Kontrolle über die Gegenwart zu übernehmen und die täglichen Aufgaben ohne Ablenkungen zu bewältigen.

Diese Denkweise kann durch Achtsamkeitsübungen gefördert werden. Achtsamkeit, also eine Strategie, um mit den Gedanken in der Gegenwart zu bleiben, reduziert nachweislich das Stressniveau, verbessert die kognitive Funktion und fördert die Kreativität. Wenn negative Gedanken oder Sorgen Sie nicht länger belasten, sind Sie besser in der Lage, Aufgaben zu bewältigen und Probleme kreativ zu lösen.

Es kann eine Herausforderung sein mit den Gedanken in der Gegenwart zu bleiben, und erfordert bewusste Anstrengungen.

Methoden wie Atemübungen, Meditation und Tagebuchführung können Ihnen dabei helfen, diese Einstellung beizubehalten. Wenn Sie sich beim Zeitmanagement auf die Gegenwart konzentrieren, können Sie dem Kreislauf des Überdenkens entkommen und Ihre Zeit und Energie zukünftig optimal nutzen.

6. Der Fortschritt ist wichtiger als die Perfektion:

Übermäßiges Nachdenken kann ein großes Hindernis für ein effektives Zeitmanagement sein. Wenn Sie sich über unzählige Details den Kopf zerbrechen, nach dem „perfekten" Ergebnis streben und bis zur letzten Minute zögern, kann das zu Ineffizienz führen. Es ist jedoch wichtig zu verstehen, dass die Perfektion ein unerreichbarer Standard ist und dass das Streben danach nur zu Frustration und Überforderung führt.

Üben Sie stattdessen Geduld mit sich selbst. Machen Sie sich klar, dass das Zeitmanagement ein langer Prozess ist und dass der Fortschritt schrittweise erfolgt. Feiern Sie kleine Siege und betrachten Sie Rückschläge nicht als Versagen, sondern als Chance zum Lernen.

Auch das Setzen realistischer Ziele ist wichtig. Zerlegen Sie große Aufgaben in kleinere, überschaubare Schritte und ordnen Sie Ihre To-Do-Liste nach Wichtigkeit. Denken Sie daran, dass es völlig in Ordnung ist, bei Bedarf Hilfe in Anspruch zu nehmen, sei es durch das Delegieren von Aufgaben oder durch die Beratung durch einen Mentor oder Kollegen.

Neben Geduld und realistischen Zielen sollten Sie sich eine Routine oder einen Zeitplan aufstellen. Dies kann Ihnen dabei helfen, sich zu konzentrieren, Ablenkung zu vermeiden und die Zeit, die Sie mit Entscheidungen verbringen, zu verkürzen.

7. Belohnen Sie sich selbst, wenn Sie Aufgaben erledigen:

Für Überdenker ist es wichtig, immer wieder Wege zu finden, um motiviert und fokussiert zu bleiben. Eine wirksame Strategie ist es dabei, sich selbst für die Erledigung von Aufgaben zu belohnen. Dieser Ansatz stärkt den Fortschritt und ermutigt Sie dazu, weiterzumachen.

Diese Strategie macht sich das Belohnungssystem des Gehirns zunutze, das aktiviert wird, wenn wir angenehme Gefühle empfinden. Wenn Sie eine Aufgabe abschließen und sich selbst belohnen, wird dieses System stimuliert, wodurch ein Gefühl der Zufriedenheit und der Erfüllung entsteht. Dieses Gefühl kann Sie dazu motivieren, die nächste Aufgabe in Angriff zu nehmen.

Tipps zum Energiemanagement

1. Erkennen Sie die Gedanken, die Ihre Ängste schüren

Als jemand, der dazu neigt, zu viel nachzudenken, kann man leicht von Gedanken überflutet werden, was zu Angstgefühlen führt. Um die Kontrolle wiederzuerlangen, besteht eine wirksame Strategie zum Energiemanagement darin, die Gedanken zu identifizieren, die Ihre Angst auslösen. Diese Übung ermöglicht es Ihnen, die Ursachen Ihrer Angst zu verstehen und gezielt anzugehen.

Beginnen Sie damit, sich etwas zu distanzieren und Ihre Gedankenmuster zu beobachten. Achten Sie auf die Gedanken, die bei Ihnen Unbehagen oder Unwohlsein hervorrufen. Diese können von Zukunftssorgen, vergangenem Bedauern oder sogar negativen Selbstgesprächen herrühren. Nachdem Sie diese Gedanken identifiziert haben, notieren Sie sie und beobachten Sie, wann sie auftauchen.

Wenn Sie Ihre Denkmuster erstmal verstehen, können Sie damit beginnen, sie zu hinterfragen. Nehmen Sie sich etwas Zeit, um die Stichhaltigkeit dieser Gedanken objektiv zu bewerten. Beruhen sie auf Tatsachen oder lediglich auf Vermutungen? Sind sie realistisch oder übertrieben? Indem Sie diese Gedanken in Frage stellen, können Sie damit beginnen, sie in ein optimistischeres und realistischeres Licht zu rücken.

2. Hinterfragen Sie Ihre negativen Gedanken: Sind sie realistisch oder förderlich?

Wenn Sie zu viel nachdenken, verstricken Sie sich leicht in negative Gedanken, die Ihre geistige Energie aufzehren. Diese Gedanken können in Ängsten, Unsicherheiten oder vergangenen Erfahrungen wurzeln und führen oft zu Gefühlen von Angst, Stress oder Depression.

Das Hinterfragen dieser negativen Gedanken kann Ihnen dabei helfen, sich aus dem Kreislauf des Überdenkens zu befreien und Ihre Energie auf produktivere, positive Gedanken zu lenken. Bei diesem Prozess müssen Sie sich fragen, ob diese Gedanken realistisch oder nützlich sind.

Beginnen Sie damit, sich zu fragen, ob der negative Gedanke auf Fakten oder Annahmen beruht. Oft lassen wir uns von unseren Vorurteilen oder verzerrten Denkmustern leiten, was zu irrationalen, wenig hilfreichen oder unrealistischen Gedankengängen führt.

Nachdem Sie den negativen Gedanken identifiziert haben, fragen Sie sich, ob er Ihnen nützt. Hilft er Ihnen weiter oder hält er Sie zurück? Wenn der Gedanke nicht förderlich ist, versuchen Sie, ihn durch einen positiveren oder realistischeren zu ersetzen.

3. Nutzen Sie die Achtsamkeit, um sich auf den gegenwärtigen Moment zu konzentrieren

Wenn Sie dazu neigen, zu viel zu denken, bedeutet das oft, dass Sie sich mit unaufhörlichen Gedanken herumschlagen müssen, die viel geistige Energie verbrauchen. Wenn Sie Achtsamkeit praktizieren und sich auf die Gegenwart konzentrieren, kann Ihnen das dabei helfen, diese Energie effektiv zu verwalten und Stress, Angst und sogar Symptome einer Depression zu reduzieren.

Achtsamkeit bedeutet, dass Sie sich bewusst auf den gegenwärtigen Moment konzentrieren, ohne zu urteilen oder sich von vergangenen oder zukünftigen Sorgen ablenken zu lassen. Sie können Achtsamkeit durch Meditation üben, indem Sie sich auf Ihren Atem oder Ihre Körperempfindungen konzentrieren. So können die stressverursachenden Gedanken loslassen und sich im gegenwärtigen Moment verankern.

Darüber hinaus können Sie Achtsamkeit in Ihr tägliches Leben integrieren, indem Sie sich ganz auf jeden Moment einlassen. Genießen Sie zum Beispiel den Geschmack, den Geruch und die Beschaffenheit Ihres Essens oder konzentrieren Sie sich bei einem Spaziergang in der Natur auf die Geräusche und Sehenswürdigkeiten. Diese einfachen Praktiken können Ihnen dabei helfen, geerdet zu bleiben, und den Energieverlust durch übermäßiges Nachdenken zu verringern.

4. Regelmäßige Bewegung baut Stress ab und hebt die Laune

Wenn Sie zu viel nachdenken, fühlen Sie sich oft in einem Strudel aus stressigen Gedanken und Ängsten gefangen, so dass Sie sich ausgelaugt und unmotiviert fühlen. Regelmäßiger Sport ermöglicht es Ihnen, Stress zu bekämpfen und Ihre Stimmung zu heben.

Wenn Sie sich körperlich betätigen, setzt Ihr Körper Endorphine frei, die oft als „Wohlfühlhormone" bezeichnet werden und Ihnen helfen, Stress und Ängste zu bekämpfen. Regelmäßiger Sport kann auch Ihr Energieniveau steigern, indem er die Herzfrequenz und den Blutfluss erhöht, was zu einer besseren Versorgung Ihres Körpers mit Sauerstoff und Nährstoffen führt.

Wählen Sie sportliche Aktivitäten, die Ihnen Spaß machen und sich gut in Ihren Lebensstil einfügen, um das Beste aus Ihrem Trainingsprogramm herauszuholen. Beständigkeit ist dabei das Entscheidende, also machen Sie die Bewegung zu einem regelmäßigen Teil Ihrer Routine.

5. Legen Sie Wert auf guten Schlaf, denn Müdigkeit kann Ihre Ängste verschlimmern

Die Notwendigkeit, nachts abzuschalten und die nötige Ruhe zum Schlafen zu finden, kann für einen Grübler eine Herausforderung sein. Ausreichend Schlaf ist aber wichtig, um Ängste zu bewältigen und zu verhindern, dass diese eskalieren. Schlafmangel kann die Angstsymptome verschlimmern, so dass kleinere Stressfaktoren plötzlich unüberwindbar erscheinen.

Wenn Sie unter Schlafmangel leiden, reagiert Ihr Gehirn stärker auf negative Reize, und Ihre Fähigkeit, Emotionen zu regulieren, wird dadurch beeinträchtigt. Das bedeutet, dass selbst geringe Stressfaktoren starke Ängste auslösen können, so dass Sie sich gereizt und gereizt fühlen.

Andererseits kann ausreichend Schlaf die Stressbewältigung und den Umgang mit Ängsten verbessern. Qualitativ hochwertiger Schlaf ermöglicht es Ihrem Gehirn, emotionale Erfahrungen besser zu verarbeiten und in Ihr Gedächtnis zu integrieren. So können Sie Ihre Emotionen besser regulieren und mit Angstauslösern besser umgehen. Außerdem wirkt sich Schlaf positiv auf die körperliche Gesundheit aus, indem er Entzündungen reduziert, die Immunfunktion verbessert und sogar die kognitiven Fähigkeiten fördert.

Obwohl es oft schwierig ist, den Schlaf zu einer Priorität zu machen, ist dies unerlässlich, um die Ängste eines Überdenkers in den Griff zu bekommen. Verbessern Sie Ihre Schlafqualität, indem Sie an Ihrer Schlafvorbereitung arbeiten, z.B. indem Sie eine entspannende Schlafroutine einführen und vor dem Schlafengehen auf den Gebrauch elektronischer Geräte verzichten. Wenn Sie weiterhin mit Schlafproblemen zu kämpfen haben, sollten Sie einen Arzt aufsuchen, um auf diesem Wege zusätzliche Hilfe und Unterstützung zu erhalten.

6. Suchen Sie sich soziale Unterstützung oder professionelle Hilfe, wenn Angstzustände Ihr Leben stark beeinträchtigen

Wenn Sie sich ständig Sorgen machen und sich permanent verängstigt fühlen, ist es wichtig, dass Sie Maßnahmen ergreifen, um Ihre

Energie und Ihr Wohlbefinden zu steigern. Eine der wirksamsten Strategien besteht darin, mit jemandem über Ihre Erfahrungen zu sprechen. Wenn Sie Ihre Sorgen für sich behalten, werden diese Sie nur noch schwerer belasten. Indem Sie sie einem vertrauenswürdigen Freund, einem Familienmitglied oder einer Fachkraft für psychische Gesundheit mitteilen, können Sie damit beginnen, ihre Last zu lindern.

Das Gespräch über Ihre Ängste kann Ihnen eine neue Perspektive aufzeigen und beinhaltet oft wertvolle Einsichten und Ratschläge von jemandem, der ähnliche Erfahrungen gemacht hat. Sie erhalten auf diesem Wege außerdem emotionale Unterstützung, die dazu beiträgt, dass Sie sich geerdeter fühlen und die täglichen Herausforderungen besser zu bewältigen wissen.

Wenn Ihre Ängste überwältigend sind oder Ihre Lebensqualität beeinträchtigen, kann es notwendig werden, dass Sie professionelle Hilfe in Anspruch nehmen. Dies könnte bedeuten, dass Sie einen Therapeuten oder Berater aufsuchen müssen, der Sie bei der Bewältigung Ihrer Symptome unterstützt, oder dass Sie Medikamente zur Linderung der Angstsymptome benötigen.

Neben der Suche nach sozialer Unterstützung und ggf. professioneller Hilfe können verschiedene andere Strategien zur Energiebewältigung dazu beitragen, dass sich Überdenker zentrierter und konzentrierter fühlen. Zu diesen Strategien gehören regelmäßiger Sport, Achtsamkeitsübungen und kreative oder entspannende Aktivitäten, um Stress und Ängste abzubauen. Wenn Sie einen proaktiven Ansatz für den Umgang mit Ihrer Energie und Ihrem Wohlbefinden wählen, können Sie damit anfangen, sich geerdeter und konzentrierter zu fühlen und Ihr Leben besser in den Griff zu bekommen.

7. Eine ausgewogene Ernährung für eine optimale geistige Gesundheit

Als Grübler vernachlässigt man leicht die körperliche Gesundheit, während man sich mit einem Wirbelwind von Gedanken herumschlägt. Eine ausgewogene Ernährung kann jedoch entscheidend dazu beitragen, dass Sie Ihre Energie kontrollieren und Ängste abbauen. Bestimmte Lebensmittel können tatsächlich Ihre Stimmung, Ihr Stressniveau und Ihre allgemeine geistige Gesundheit beeinflussen.

Eine Ernährung, die reich an Obst, Gemüse, magerem Eiweiß, Vollkornprodukten und gesunden Fetten ist, kann sich positiv auf die

Gesundheit Ihres Gehirns auswirken. Diese Lebensmittel liefern essentielle Nährstoffe, die die Gehirnfunktion verbessern, die Stimmung regulieren und Ängste abbauen können. So können beispielsweise Lebensmittel, die reich an Omega-3-Fettsäuren sind, wie Fisch und Leinsamen, Entzündungen im Gehirn verringern und die Stimmung verbessern. Gleichzeitig können die komplexen Kohlenhydrate in Vollkornprodukten zur Regulierung des Serotoninspiegels beitragen. Dieses Hormon trägt dazu bei, Gefühle der Ruhe und des Wohlbefindens hervorzurufen.

Andererseits können Lebensmittel mit einem hohen Anteil an Zucker, Natrium und ungesunden Fetten zu Schwankungen des Blutzuckerspiegels führen, die Stimmungsschwankungen, Reizbarkeit und erhöhte Angstzustände verursachen. Daher ist es wichtig, auf eine ausgewogene Ernährung zu achten und den Verzehr dieser Lebensmittel einzuschränken.

Denken Sie daran, dass es bei einer ausgewogenen Ernährung nicht nur darauf ankommt, was Sie etwas essen, sondern auch darauf, wann und wie Sie essen. Versuchen Sie, einen regelmäßigen Essensplan einzuhalten, um Blutzuckerschwankungen zu vermeiden und Ihr Energieniveau über den Tag hinweg zu steuern. Vermeiden Sie es außerdem, zu viel zu essen oder Mahlzeiten auszulassen, da dies zu Unwohlsein und Angstzuständen führen kann.

Kapitel 9: Tägliche Rituale für langfristiges emotionales Wohlbefinden

Als Überdenker sind Sie jemand, der sich mit negativen Gedanken und Emotionen auseinandergesetzt hat, und wissen, dass alte Gewohnheiten schwer zu überwinden sind. Selbst nachdem Sie gelernt haben, wie Sie mit diesen schwierigen Emotionen umgehen können, bleibt es eine Herausforderung, die erlernten Strategien umzusetzen und tatsächlich stetig Fortschritte in Ihrem Alltag zu machen. Heutzutage ist es unglaublich schwierig geworden, sich Zeit für Selbstfürsorge und die eigene geistige Gesundheit zu nehmen. Sie haben vermutlich oft das Gefühl, dass Sie sich gerade noch so über Wasser halten können und immer von einer Aufgabe zur nächsten hetzen. Es ist unwahrscheinlich, dass Sie sich auch nur einen Moment Zeit nehmen, um durchzuatmen und den Augenblick zu genießen. Zusätzlich zu Ihrem vollen Terminkalender müssen Sie auch noch mit negativen Emotionen fertig werden, die Sie überwältigen. Sie müssen daher lernen, sich Ihr emotionales Wohlbefinden auf Dauer zu erhalten.

Der langfristige Abbau des Grübelns ist wie die Pflege eines Gartens.

Stellen Sie sich Ihre Reise wie die Pflege eines Gartens vor. Sie haben hart gearbeitet, um die Samen zu pflanzen, das Unkraut zu jäten und die Pflanzen regelmäßig zu gießen. Wenn Sie sich jedoch nicht ständig um Ihren Garten kümmern, ist er bald überwuchert und gerät außer Kontrolle. Das Gleiche gilt für Ihr emotionales Wohlbefinden. Nehmen wir zum Beispiel an, dass Sie mit zu vielen Gedanken und negativen Emotionen zu kämpfen haben. Sie beschließen also, Ihr Leben wieder in die Hand zu nehmen und Ihre Emotionen in den Griff zu bekommen, was an und für sich schon eine mutige Leistung ist. Sie lesen Bücher, besuchen Therapiesitzungen und beginnen, die erlernten Techniken zu praktizieren. Mit der Zeit haben Sie das Gefühl, dass Sie Ihre Emotionen und Gedankenmuster besser im Griff haben.

Im Laufe der Zeit sind Sie vielleicht mit Freunden, der Familie, Ihrer Karriere oder anderen Verpflichtungen beschäftigt und vernachlässigen Ihr emotionales Wohlbefinden völlig. Vielleicht lassen Sie Therapiesitzungen ausfallen oder hören mit Ihren täglichen Achtsamkeitsübungen auf. Auch wenn Sie sich eine Zeit lang unter Kontrolle haben, werden Sie, ehe Sie sich versehen, wieder in Ihre alten negativen Verhaltensmuster zurückfallen und sich erneut überfordert fühlen. An diesem Punkt werden Sie feststellen, dass Sie zwar Strategien zur Bewältigung Ihrer negativen Gedanken gelernt und geübt haben, dass Sie aber nicht versucht haben, diese beizubehalten. Stattdessen sind Sie schließlich wieder in Ihre ungesunden emotionalen Gewohnheiten zurückgefallen. Warum sollten Sie also nicht proaktiv vorgehen und die Dinge gar nicht erst so aus dem Ruder laufen lassen? Sie haben bereits verschiedene Strategien und Übungen zur Bewältigung von Grübeln und negativen Gedanken kennengelernt. Gehen Sie nun einen Schritt weiter und integrieren Sie einige Mikrorituale in Ihren Alltag, die sicherstellen, dass Sie auf einem gesunden emotionalen Pfad bleiben.

Mikrorituale helfen Ihnen dabei, eine Grundlage für Ihr emotionales Wohlbefinden zu schaffen, die auch dann intakt bleibt, wenn das Leben geschäftig und stressig wird. Es ist verständlich, dass Sie nicht Ihr ganzes Leben lang darüber nachdenken möchten, wie Sie Ihre Emotionen in den Griff bekommen. Deshalb sollten Sie gesunde Gewohnheiten entwickeln, damit Sie das nicht tun müssen. Wenn Sie gesunde Mikrorituale in Ihren Tagesablauf einbauen, können Sie Ihre Emotionen dadurch besser kontrollieren und eine Widerstandsfähigkeit und emotionale Stärke aufbauen, die Ihnen durch schwierige Zeiten helfen wird. Stellen Sie sich das wie den Bau eines Hauses vor. Sie können die besten Baumaterialien und -techniken haben, aber wenn Sie kein starkes Fundament legen und pflegen, ist das Gebäude zum Einsturz verurteilt. Das Gleiche gilt für Ihr emotionales Fundament.

Genau mit diesem Problem setzt sich dieses Bonuskapitel auseinander. Es enthält einige hilfreiche Strategien, die nicht viel Zeit in Anspruch nehmen und sich leicht in Ihre tägliche Routine einbauen lassen. Betrachten Sie diese Rituale als kleine Selbstfürsorgeübungen. Wenn Sie diese Rituale durchführen, geben Sie sich selbst täglich einen kleinen Schub und fördern Ihr Glück und Ihre Positivität.

Atemarbeit

Das Wort Atemarbeit mag wie ein Hippie-Trend der Neuzeit klingen. Es ist jedoch alles andere als das. Im Kern beschreibt Atemarbeit einfach eine Methode, um Ihren Atem bewusst zu kontrollieren, wodurch bestimmte Ergebnisse erzielt werden sollen. Dies ist ein mächtiges Werkzeug, um Ihre Muster des Grübelns und der Selbstzweifel zu beenden. Das mag zu schön klingen, um wahr zu sein, aber die Vorteile der Atemarbeit sind wissenschaftlich erwiesen. Tiefes und langsames Atmen signalisiert Ihrem Gehirn, das parasympathische Nervensystem zu aktivieren. Dieser Teil Ihres Nervensystems ist für „Ruhe- und Verdauungsaktivitäten" wie die Verlangsamung der Herzfrequenz und die Verringerung der Muskelspannung zuständig.

Die Vorteile der Atemübungen gehen über das Gefühl der Entspannung hinaus. Regelmäßige Atemarbeit verbessert nachweislich die Immunfunktion, senkt den Blutdruck und steigert das allgemeine Wohlbefinden. Wenn es darum geht, übermäßiges und negatives Denken einzuschränken, kann Atemarbeit Ihnen als effektives Hilfsmittel dienen.

Wie macht man nun eigentlich Atemarbeit? Es gibt eine Vielzahl von Methoden, aber die Box-Atmung, Pranayama und die 4-7-8-Atmung gehören zu den beliebtesten.

- Die Boxatmung ist eine einfache Strategie, bei der Sie viermal einatmen, den Atem viermal anhalten, viermal ausatmen und ihn wieder viermal anhalten. Wiederholen Sie diesen Zyklus einige Minuten lang und konzentrieren Sie sich dabei auf das Gefühl, wie sich Ihr Atem aus Ihrem Körper rein- und rausbewegt.

- Pranayama ist eine fortgeschrittene Strategie, bei der Sie den Atem auf verschiedene Weise manipulieren, um bestimmte Effekte zu erzielen. Ein Beispiel ist die Wechselatmung, bei der Sie ein Nasenloch mit dem Daumen verschließen und durch das andere einatmen, dann dieses Nasenloch mit dem Ringfinger verschließen und durch das erste wieder ausatmen. Wiederholen Sie diese Übung mehrere Male und konzentrieren Sie sich dabei darauf, wie sich der Atem durch Ihre Nasenlöcher bewegt.

- Die 4-7-8-Atmung ist eine Methode, bei der Sie viermal tief durch die Nase einatmen, den Atem siebenmal anhalten und dann achtmal durch den Mund ausatmen. Wiederholen Sie diese Übung mehrere Male und konzentrieren Sie sich dabei auf das Gefühl, wie Ihr Atem in Ihren Körper hinein und hinausfließt.

Der Schlüssel zu jeder Atemübung ist es, klein anzufangen und sich allmählich hochzuarbeiten. Schon ein paar Minuten täglich können Ihr allgemeines Wohlbefinden stark beeinflussen.

Dankbarkeit

Wenn das Leben schwierig wird, kann es leicht passieren, dass man sich in negativen Gedanken und Gefühlen verstrickt. Deshalb kann die Dankbarkeit ein so wirkungsvolles Hilfsmittel sein, um Grübeln und negative Denkmuster in den Griff zu bekommen. Wenn Sie sich auf das konzentrieren, wofür Sie dankbar sind, können Sie Ihre Aufmerksamkeit von dem, was Ihnen fehlt, auf das lenken, was Sie bereits haben. Regelmäßige bewusste Dankbarkeit kann positive Emotionen wie Freude, Zufriedenheit und Optimismus in Ihrem Körper verstärken. Wenn Sie sich auf die guten Dinge in Ihrem Leben konzentrieren, werden Sie sich der positiven Erlebnisse stärker bewusst. Gleichzeitig kann das Üben von Dankbarkeit negative Emotionen wie Neid, Missgunst und Bedauern verringern. Es gibt so viele verschiedene Möglichkeiten, Dankbarkeit zu üben, und was für den einen funktioniert, muss nicht unbedingt für den anderen klappen. Hier sind ein paar Übungen, die Ihnen den Einstieg erleichtern:

- **Führen Sie ein Tagebuch der Dankbarkeit:** Schreiben Sie sich jeden Tag ein paar Dinge auf, für die Sie dankbar sind. Das können große Dinge sein, wie der Erhalt Ihres Traumjobs, oder kleine Dinge, wie ein schöner Sonnenuntergang oder eine warme Tasse Kaffee. Das Aufschreiben der Dinge, für die Sie dankbar sind, kann Ihnen dabei helfen, eine positivere Einstellung zu kultivieren und Ihr Glücksgefühl und Ihr Wohlbefinden dadurch zu steigern.

- **Erstellen Sie sich eine Dankbarkeitsliste:** Wenn Sie keine Zeit haben, jeden Tag in ein Tagebuch zu schreiben, versuchen Sie stattdessen, sich eine Dankbarkeitsliste zu erstellen. Setzen Sie sich ein paar Minuten hin und schreiben Sie alles auf, wofür Sie dankbar sind. Sie werden überrascht davon sein, wie lang Ihre Liste wird! Sie können Ihre Dankbarkeitsliste an einem gut sichtbaren Ort aufbewahren, z.B. an Ihrem Kühlschrank oder neben Ihrem Bett, als Erinnerung an all die guten Dinge in Ihrem Leben.

- **Drücken Sie anderen gegenüber Ihre Dankbarkeit aus:** Eine weitere Möglichkeit, Dankbarkeit zu üben, besteht darin, sie anderen gegenüber direkt auszudrücken. *Bedanken* Sie sich bei einem Freund oder einem Familienmitglied, das für Sie da war, oder schreiben Sie jemandem, der in Ihrem Leben etwas bewirkt hat, einen Dankesbrief.

- **Schreiben Sie einen Dankesbrief:** Wählen Sie jemanden, der Ihr Leben positiv beeinflusst hat, und schreiben Sie ihm einen Brief, in dem Sie Ihre Dankbarkeit ausdrücken. Erzählen Sie genau, was die Person für Sie getan hat und wie sie Ihr Leben verändert hat. Sie können den Brief entweder verschicken oder ihn persönlich vorlesen.

Ganz gleich, wie Sie Ihre Dankbarkeit ausdrücken, es ist wichtig, dass Sie dies regelmäßig tun. Nehmen Sie sich jeden Tag ein paar Minuten Zeit, um sich auf das zu konzentrieren, wofür Sie dankbar sind. Im Laufe der Zeit werden Sie feststellen, dass diese einfache Übung einen großen Einfluss auf Ihre geistige Gesundheit und Ihr allgemeines Wohlbefinden hat.

Kontemplatives Lesen

Wenn es darum geht, Grübeln und negative Gedanken in den Griff zu bekommen, konzentrieren sich die Menschen oft darauf, gezielte Maßnahmen zu ergreifen oder mit anderen zu sprechen, um Unterstützung zu erhalten. Aber was ist mit der Kraft der stillen Kontemplation durch das Lesen? Kontemplatives Lesen unterscheidet sich vom normalen Lesen, denn es verlangt von Ihnen, dass Sie langsamer werden und sich intensiver auf den Text einlassen. Es geht um das Lesen zur Selbsterkenntnis, nicht nur zur Unterhaltung. Das bedeutet, dass Sie sich die nötige Zeit nehmen müssen, um über das Gelesene nachzudenken, sich Fragen zu stellen und Verbindungen zu Ihren eigenen Lebenserfahrungen herzustellen.

Welche Arten von Büchern eignen sich also für eine kontemplative Lektüre? Alles, was zur Selbstbeobachtung und Selbstreflexion einlädt, kann nützlich sein. Selbsthilfebücher, spirituelle Texte und Poesie sind allesamt großartige Optionen. Es kommt nicht auf das Genre des Buches an, sondern auf die Einstellung, mit der Sie die Lektüre angehen. Hier sind einige großartige Bücher, mit denen Sie beginnen können:

- Die Seele will frei sein von Michael A. Singer
- Jetzt. Die Kraft der Gegenwart von Eckhart Tolle
- Wohin du auch gehst, dort bist du von Jon Kabat-Zinn
- Das Buch des Erwachens von Mark Nepo
- The Tao of Pooh von Benjamin Hoff
- Der Alchemist von Paulo Coelho
- Die vier Versprechen von Don Miguel Ruiz
- Eine neue Erde von Eckhart Tolle

• Die Kunst des Glücklichseins von Dalai Lama XIV und Howard C. Cutler.

Nehmen Sie sich die Zeit, über das Gelesene nachzudenken, sich Fragen zu stellen und eine Verbindung zu Ihren Lebenserfahrungen herzustellen. Nehmen Sie sich jeden Tag 10-15 Minuten Zeit, um ein paar Seiten mit Absicht zu lesen. Mit der Zeit werden Sie einen Unterschied in Ihrer Fähigkeit feststellen, Ihre Emotionen zu regulieren und auf schwierige Situationen zu reagieren.

Entgiften Sie sich vom Einfluss der sozialen Medien

Haben Sie manchmal das Gefühl, dass die sozialen Medien Ihnen das Leben aus den Knochen saugen? Ein ständiger Strom von Aktualisierungen, Likes, Kommentaren und Benachrichtigungen sorgt dafür, dass Sie sich wie ausgelaugt und abgekoppelt fühlen. Noch schlimmer ist es für Überdenker und negative Denker - ein Nährboden für Vergleiche, Selbstzweifel und Angst davor, etwas zu verpassen. Denken Sie einmal nach - wie oft haben Sie gedankenlos durch Ihren Feed gescrollt, nur um sich anschließend noch gestresster oder ängstlicher zu fühlen als zuvor? Wie oft haben Sie sich online mit anderen verglichen und sich am Ende unzulänglich gefühlt? Soziale Medien können ein hervorragendes Hilfsmittel sein, aber sie können auch schädlich sein, wenn Sie nicht vorsichtig sind.

Wenn Sie sich von den sozialen Medien „entgiften" geben Sie sich selbst den Abstand und die Freiheit, sich auf Ihr eigenes Leben und Ihre Gedanken zu konzentrieren, ohne den ständigen Lärm und die Ablenkungen. Auch wenn Sie sich nicht völlig von den Netzwerken lösen können, kann eine Reduzierung der Zeit, die Sie online verbringen, bereits einen großen Unterschied machen. Wann haben Sie sich das letzte Mal eine Pause von den sozialen Medien gegönnt und einfach den Moment gelebt, ohne das Bedürfnis zu haben, jedes Erlebnis zu dokumentieren oder Ihre Benachrichtigungen zu überprüfen?

Beginnen Sie damit, sich selbst Grenzen zu setzen, indem Sie z.B. Ihre Nutzung der sozialen Medien auf eine bestimmte Zeit am Tag beschränken. Wenn Sie sich etwas gönnen, versuchen Sie, Konten zu folgen, die Sie aufmuntern und inspirieren, anstatt denen, die Sie erdrücken. Wenn Sie sich dazu in der Lage fühlen, machen Sie einen kompletten Entzug. Gönnen Sie sich ein paar Tage oder sogar eine Woche ohne den Druck, mit den Highlights der anderen mithalten zu müssen. Nehmen Sie sich die Zeit, um zu sich selbst zurückzufinden und wiederzuentdecken, was Ihnen wirklich Freude bereitet.

Ihr Körper in Bewegung

Stellen Sie sich vor, Sie wachen an einem schönen Morgen auf und statt sofort zum Telefon zu greifen, um durch die sozialen Medien oder E-Mails zu scrollen, schlüpfen Sie in Ihre Trainingskleidung und gehen nach draußen, um eine Runde zu joggen. Während Sie Ihren Körper bewegen, spüren Sie ein Gefühl von Leichtigkeit und Klarheit im Kopf. Sie bemerken, wie die Sonne scheint, die Vögel zwitschern und die frische Luft Ihre Lungen füllt. Das erinnert Sie daran, dass Sie am Leben sind und dass es Ihnen gut geht.

Körperliche Bewegung, sei es Joggen, Yoga, Tanzen oder Gewichte heben, hat zahlreiche Vorteile für das emotionale Wohlbefinden. Die Bewegung setzt Endorphine frei, die „Wohlfühl"-Chemikalien in Ihrem Gehirn, und reduziert Stress und Ängste, verbessert den Schlaf und stärkt das Selbstvertrauen. Wenn Sie körperliche Aktivität in Ihre tägliche Routine einbauen, können Sie eine gesunde Verbindung zwischen Körper und Geist aufrechterhalten und so verhindern, dass Sie zu viel nachdenken und negative Gedanken die Oberhand gewinnen.

Fangen Sie klein an, indem Sie sich täglich nur 10-15 Minuten körperliche Aktivität vornehmen und steigern Sie sich allmählich zu längeren Einheiten. Sie können auch Möglichkeiten finden, um die Bewegung in Ihre tägliche Routine einzubauen, z.B. indem Sie die Treppe statt den Aufzug nehmen oder sich beim Fernsehen dehnen. Für welche Form der körperlichen Betätigung Sie sich auch entscheiden, sorgen Sie dafür, dass sie Ihnen Spaß macht und nachhaltig ist, und merken Sie, wie sie sich positiv auf Ihr allgemeines Wohlbefinden auswirkt.

Smoothie zum Glück

Für viele Menschen ist der Morgen eine Zeit der Müdigkeit und Trägheit, aber keine Angst! Es gibt eine einfache, köstliche Lösung, um den Tag richtig zu beginnen: einen Glücks-Smoothie.

Die Zubereitung eines Glücks-Smoothies kann ein lustiges und einfaches Miniritual sein, das Sie in Ihre Morgenroutine einbauen können. Es muss nicht kompliziert oder zeitaufwendig sein. Tatsächlich können Sie einen köstlichen und nahrhaften Glücks-Smoothie in nur wenigen Minuten zubereiten. Sie fragen sich vielleicht, warum er Glücks-Smoothie heißt? Ein Glücks-Smoothie ist nicht nur lecker, sondern kann auch Ihr emotionales Wohlbefinden verbessern, indem er Ihnen wichtige Nährstoffe liefert und Ihren Blutzuckerspiegel stabilisiert. Er bietet Ihnen eine großartige Möglichkeit, den Tag positiv Note zu beginnen und kann sogar negative Gedanken in Schach halten.

Hier sind einige köstliche Smoothie-Rezepte zum Ausprobieren:

- **Berry Bliss** - Mischen Sie Erdbeeren, Blaubeeren, Bananen, griechischen Joghurt, Mandelmilch und einen Spritzer Honig und genießen Sie einen köstlichen und erfrischenden Start in den Tag.

- **Green Goodness** - Kombinieren Sie Spinat, Grünkohl, Avocado, Banane, Mandelmilch und eine Prise Zimt und genießen Sie einen nahrhaften und energiespendenden Smoothie.

- **Tropical Paradise** - Mischen Sie Ananas, Mango, Kokosnussmilch, Banane und eine Kugel Proteinpulver für einen Tropentraum aus dem Glas.

Wenn Sie einen leckeren Smoothie in Ihre morgendliche Routine einbauen, kann das ein kleiner, aber wirkungsvoller Schritt sein, um Ihr allgemeines Wohlbefinden zu verbessern und negative Denkmuster zu reduzieren.

Mojo-Täschchen oder Trost-Beutel

Im Laufe Ihres Tages haben Sie vielleicht das Gefühl, dass Sie eine schwere Last auf Ihren Schultern tragen. Negative Gedanken, Stress und Ängste können Sie belasten und auslaugen. Wie wäre es, wenn Sie ein kleines Stück Trost mit sich tragen könnten, das Sie begleitet, wo Sie auch hingehen? Ein Trost-Beutel ist eine kleine Tasche, die mit Dingen gefüllt ist, die Ihnen Freude und Trost spenden. Es ist wie ein tragbarer Ort der Freude, an den Sie sich wenden können, wenn Sie eine kleine Aufmunterung brauchen. Und das Beste daran? Sie können ihn ganz nach Ihren Bedürfnissen gestalten.

Um Ihren Trost-Beutel zu füllen, suchen Sie sich zunächst eine kleine Tasche, die Sie lieben. Das kann ein Beutel, eine Geldbörse oder sogar eine kleine Kosmetiktasche sein. Denken Sie dann an die Dinge, die Ihnen Trost spenden. Das kann Ihre Lieblingssüßigkeit sein, ein kleines Plüschtier, ein Foto eines geliebten Menschen oder sogar ein kleines Tagebuch, in dem Sie Ihre Gedanken aufschreiben können. Hier sind einige Gegenstände, die Sie in Ihren Beutel mit aufnehmen könnten:

- Eine Lieblingsduftkerze oder ein ätherisches Öl
- Eine kuschelige Decke oder ein Umschlagtuch
- Ein kleines Kuscheltier oder eine Figur, die Sie zum Lächeln bringt
- Eine handschriftliche Notiz mit einer positiven Affirmation oder einem Zitat
- Ein Lieblingsbuch oder -magazin
- Ein Stressball
- Ein Lieblingstee oder eine Kakaomischung
- Ein kleines Fotoalbum oder Sammelalbum mit schönen Erinnerungen

Wenn Sie Gegenstände für Ihren Trost-Beutel sammeln, überlegen Sie, wie Sie sich dabei fühlen. Bringen sie glückliche Erinnerungen zurück? Fühlen Sie sich dadurch sicher und geliebt? Jetzt, wo Sie Ihren Trost-Beutel haben, können Sie ihn immer dann zur Hand nehmen, wenn Sie eine kleine Stärkung brauchen. Fühlen Sie sich ängstlich vor einem wichtigen Treffen? Atmen Sie tief durch und greifen Sie nach Ihrer Lieblingssüßigkeit. Fühlen Sie sich von Ihrer To-Do-Liste überwältigt? Machen Sie eine kurze Pause und schauen Sie sich das Foto eines geliebten Menschen an. Anstatt sich von negativen Gedanken und Gefühlen runterziehen zu lassen, haben Sie eine physische Erinnerung an die Dinge, die Ihnen Freude und Trost bringen.

Gruppensport

Ertappen Sie sich oft dabei, dass Sie in Ihren eigenen Gedanken feststecken, alles überanalysieren und sich überfordert fühlen? Die Teilnahme an Gruppensportarten kann eine gute Möglichkeit sein, aus diesem Kreislauf auszubrechen und Ihr emotionales Wohlbefinden zu verbessern. Gruppensport ermöglicht es Ihnen, von Ihren Gedanken Abstand zu nehmen und ein Gefühl der Gemeinschaft und Zugehörigkeit zu vermittelt zu bekommen, das gegen Gefühle der

Isolation und Einsamkeit helfen kann. Ob es sich nun um ein lockeres Basketballspiel mit Freunden oder einen Yogakurs mit Fremden handelt, die Teilnahme an Gruppensportarten kann Ihnen helfen, sich mit anderen und der Welt um Sie herum verbunden zu fühlen. Hier sind einige Gruppensportarten, die Sie in Betracht ziehen sollten:

- **Basketball:** Ziehen Sie Ihre Turnschuhe an und gehen Sie auf den Sportplatz für ein Spiel oder schließen Sie sich einer lokalen Liga für einen freundschaftlichen Wettkampf an. Das rasante Tempo des Basketballs kann Ihnen helfen, sich auf das Spiel zu konzentrieren und Ihre Überlegungen hinter sich zu lassen.

- **Yoga:** Wenn Sie einen eher meditativen Ansatz für Gruppensport suchen, sollten Sie eine Yogastunde besuchen. Die beruhigende Atmosphäre und die Anleitung eines Lehrers können Ihnen helfen, Ihren Geist zu beruhigen und negative Gedankenmuster loszulassen.

- **Fußball:** Bewegen Sie sich auf dem Spielfeld und schließen Sie sich einer Freizeitliga in Ihrer Nähe an. Fußball bietet Ihnen eine großartige Möglichkeit, um sich körperlich und geistig herauszufordern, denn es erfordert strategisches Denken und Teamarbeit.

- **Kickboxen:** Kickboxen erfordert ein hochintensives Training, das Kampfsport und Ausdauertraining kombiniert. Kickboxing-Kurse bieten Ihnen eine gute Möglichkeit, Stress und Aggressionen in einer sicheren und kontrollierten Umgebung abzubauen. Viele Fitnessstudios bieten Gruppen-Kickboxing-Kurse an.

Widerstände gegen tägliche Rituale überwinden

Es kann häufig eine echte Herausforderung sein, sich neue Gewohnheiten zu schaffen. Sie haben in diesem Buch etwas über ein neues Mikroritual gelesen, das Ihr Leben zu verbessern verspricht, und sind nun ganz heiß darauf, es auszuprobieren. Doch dann kommt Ihnen das Leben in die Quere, und ehe Sie sich versehen, haben Sie das Ritual ganz aufgegeben. Das ist frustrierend, aber es muss nicht so sein. Wenn Sie mit kleinen Veränderungen anfangen, werden Sie sich wahrscheinlich dabei ertappen, wie Sie auf den Schlummermodus Ihres Weckers drücken, anstatt aus dem Bett zu springen und Ihre täglichen Mikrorituale zu beginnen. Es wird eine Weile dauern, bis Sie gesunde Gewohnheiten etabliert haben, die sich langfristig halten.

Eines der größten Hindernisse bei der Einführung täglicher Rituale sind äußerliche Widerstände. Es ist leicht, der Versuchung zu erliegen, die morgendliche Meditation oder den abendlichen Spaziergang *auszulassen*, aber keine Sorge, *Sie sind nicht allein*. Die gute Nachricht ist, dass Sie mithilfe von ein paar einfachen Strategien Ihren Widerstand überwinden und tägliche Rituale zu einem festen Bestandteil Ihrer Routine machen können. Fangen Sie zunächst klein an. Überfordern Sie sich nicht mit hochgesteckten Zielen, die unmöglich zu erreichen sind. Beginnen Sie stattdessen mit einer kleinen Gewohnheit und bauen Sie diese nach und nach aus. Nehmen Sie sich zum Beispiel vor, sich jeden Morgen fünf Minuten lang zu dehnen oder gleich nach dem Aufwachen ein Glas Wasser zu trinken. Viele Menschen machen den Fehler, dass sie versuchen, zu viele Änderungen auf einmal vorzunehmen. Das kann schnell überwältigend werden und dazu führen, dass sie ganz aufgeben.

Konzentrieren Sie sich stattdessen darauf, mit einer kleinen Veränderung auf einmal zu beginnen. Wenn Sie z.B. ein tägliches Dankbarkeitstagebuch führen möchten, sollten Sie sich vornehmen, jeden Tag nur eine Sache aufzuschreiben, für die Sie dankbar sind. Indem Sie klein anfangen, schaffen Sie sich die Voraussetzungen für den Erfolg und bauen eine Dynamik für größere Veränderungen auf. Wenn Sie sich an Ihr neues Mikroritual gewöhnt haben, können Sie die Häufigkeit oder Dauer schrittweise erhöhen, um es sinnvoller zu gestalten. Denken Sie daran, dass kleine Veränderungen zu großen Erfolgen führen können.

Haben Sie schon einmal bemerkt, dass die kleinen Dinge, die Sie jeden Tag tun, Ihr emotionales Wohlbefinden stark beeinflussen können? Es ist leicht, sich in der Hektik des Lebens zu verzetteln und zu vergessen, sich um sich selbst zu kümmern. Für Überdenker kann es schwierig sein, den Kreislauf negativer Gedankenmuster zu durchbrechen und ein emotionales Gleichgewicht zu finden. Wenn Sie jedoch Mikrorituale in Ihre tägliche Routine einbauen, kann sich Ihre Denkweise ändern und Ihr allgemeines Wohlbefinden verbessern.

Fazit

Viele Menschen werden von übermäßigem Grübeln und dessen negativen Auswirkungen auf ihr geistiges Wohlbefinden geplagt. Überdenken und chronische Angst aktivieren nachweislich die Stressreaktion des Körpers, was zu körperlichen Symptomen (erhöhte Herzfrequenz und hoher Blutdruck) und kognitiven Symptomen (wie Schwierigkeiten, sich an Dinge zu erinnern und sich zu konzentrieren) führt.

Ängste und Sorgen können Ihre körperliche Gesundheit erheblich beeinträchtigen und zu Diabetes, Herz-Kreislauferkrankungen und sogar Krebs führen. Das bringt uns zu einer wichtigen Frage: Werden Sie weiterhin zulassen, dass diese negativen Emotionen und Denkmuster die Richtung Ihres Lebens bestimmen?

Es ist jetzt an der Zeit, die Dinge nicht mehr übermäßig zu analysieren und endlich die Kontrolle über Ihre Gedanken zu übernehmen. Sie haben die Macht, Ihre Gedanken zu beherrschen, negative Ideologien zu beseitigen und Ihre Gefühle zu kontrollieren - mithilfe der richtigen Ansätze und Strategien.

Inzwischen sollten Sie die psychologischen Hintergründe des Überdenkens und seine negativen Auswirkungen auf Ihr Leben gut verstanden haben. In diesem Buch finden Sie auch einige praktische Strategien, die Sie nutzen können, um Ihre Tendenzen zum Grübeln früh zu erkennen und sie zu überwinden.

Dieses Buch hat auch die Bedeutung von Selbstfürsorge und Mitgefühl hervorgehoben. Um ein erfülltes Leben zu führen, müssen Sie

Ihrem körperlichen, emotionalen und geistigen Wohlbefinden Priorität einräumen. Das können Sie erreichen, indem Sie sich jeden Tag Zeit für sich selbst nehmen.

Sie sollten verstehen, dass der Weg zum emotionalen Wohlbefinden ein harter sein wird. Sie müssen sich in Verständnis und Geduld üben, wenn Sie sich ein erfüllteres Leben schaffen wollen. Die in diesem Buch vorgestellten Strategien sind zwar keine schnellen Wunderlösungen, aber sie werden Ihnen sicher dabei helfen, Ihr emotionales und geistiges Wohlbefinden langfristig zu verbessern.

Eine wichtige Lektion aus diesem Buch sind unter anderem die Achtsamkeit und das Leben im Augenblick. Wenn Sie im Augenblick leben, werden Sie sich viel weniger Sorgen über die Zukunft machen. Wenn Sie Achtsamkeits- und Atemübungen in Ihr tägliches Leben einbauen, können Sie geerdet bleiben und sich in der Gegenwart verankert fühlen.

Ein weiterer Punkt, den Sie aus diesem Buch mitnehmen sollten, ist die Macht des positiven Denkens. Wenn Sie negative Gedanken umformulieren und sich auf die positiven Aspekte in einer Situation konzentrieren, können Sie Ihre Denkweise leicht ändern und Ihre Stimmung verbessern. Vergessen Sie nicht, die kleinen Siege zu feiern und zu genießen, und haben Sie für sich selbst mehr Verständnis und Einfühlsamkeit.

Denken Sie immer daran, dass Sie nicht schwach sind, wenn Sie sich Hilfe suchen. Die Suche nach Hilfe ist vielmehr ein Beweis für Ihre große Stärke. Schrecken Sie nicht davor zurück, professionelle Hilfe in Anspruch zu nehmen oder sich einer Selbsthilfegruppe anzuschließen, wenn Sie mit übermäßigen Sorgen und negativen Denkmustern zu kämpfen haben. Dies kann für Ihr Wohlbefinden unschätzbar wertvoll sein.

Hier ist ein weiteres Buch von Andy Gardner, das Ihnen gefallen könnte

Referenzen

Self-reflection: Definition and how to do it. (k.D.). The Berkeley Well-Being Institute. https://www.berkeleywellbeing.com/what-is-self-reflection.html

(K.D.). Apa.org. https://www.apa.org/ptsd-guideline/patients-and-families/cognitive-behavioral#:~:text=Cognitive%20behavioral%20therapy%20(CBT)%20is,disorders%2C%20and%20severe%20mental%20illness.

(K.D.). Usnews.com. https://health.usnews.com/wellness/mind/how-to-improve-time-management

(K.D.). Yogabasics.com. https://www.yogabasics.com/connect/yoga-blog/mindful-journal-prompts/

20 most common time management problems + tips. (k.D.). Time. https://www.actitime.com/time-management-guide/time-management-problems-and-solutions

4 ways to stop negative thinking. (k.D.). Mcleanhospital.org. https://www.mcleanhospital.org/essential/negative-thinking

5 tips for changing negative self beliefs. (30. Oktober 2014). Psych Central. https://psychcentral.com/blog/5-tips-for-changing-negative-self-beliefs

Abpp, M. S. P., & Sally Winston, P. (26. April 2018). Unwanted intrusive thoughts. Adaa.org. https://adaa.org/learn-from-us/from-the-experts/blog-posts/consumer/unwanted-intrusive-thoughts

AbuHasan, Q., Reddy, V., & Siddiqui, W. (2022). Neuroanatomy, Amygdala. StatPearls Publishing.

Ali. (14. April 2022). 5 real ways to understand yourself better (and be self-aware). Tracking Happiness. https://www.trackinghappiness.com/how-to-understand-yourself/

Are you an overthinker? (k.D.-a). Psychology Today.
https://www.psychologytoday.com/intl/blog/the-runaway-mind/202001/are-you-overthinker

Are you an overthinker? (k.D.-b). Psychology Today.
https://www.psychologytoday.com/us/blog/the-runaway-mind/202001/are-you-overthinker

Banerjee, S. (2022). Mindful Breathing: An introduction to mindful and relaxing breathing. S. Banerjee.

Bertin, M. (28. März 2023). A guided walking meditation for daily life. Mindful; Mindful Communications & Such PBC. https://www.mindful.org/daily-mindful-walking-practice/

Borchard, T. (19. Februar 2016). 5 ways to free yourself from dark and obsessive thoughts. Everydayhealth.com; Everyday Health. https://www.everydayhealth.com/columns/therese-borchard-sanity-break/ways-free-yourself-from-dark-obsessive-thoughts/

Bradshaw, F. (7. Juli 2021). How to turn negative thoughts into positive actions. Mind Tools. https://www.mindtools.com/blog/how-to-turn-negative-thoughts-into-positive-actions/

Cherry, K. (18. Mai 2011). How brain neurons change over time from life experience. Verywell Mind. https://www.verywellmind.com/what-is-brain-plasticity-2794886

Cho, H., Ryu, S., Noh, J., & Lee, J. (2016). The effectiveness of daily mindful breathing practices on test anxiety of students. PloS One, 11(10), e0164822. https://doi.org/10.1371/journal.pone.0164822

Climan, A., RDN, & CD-N. (11. Januar 2023). Cognitive reframing. Drugwatch.com; Drugwatch. https://www.drugwatch.com/mental-health/therapy/cognitive-restructuring/

Coaches, M. T. (20. Mai 2022). 8 ways on how to stop overthinking everything. Tonyrobbins.com. https://www.tonyrobbins.com/mental-health/how-to-stop-overthinking/

Correia, K. (31. Mai 2022). Six everyday rituals for mental health. Wanderlust. https://wanderlust.com/journal/6-everyday-rituals-for-mental-health/

David, S. (10. November 2016). 3 ways to better understand your emotions. Harvard Business Review. https://hbr.org/2016/11/3-ways-to-better-understand-your-emotions

Devroux, T. (26. März 2020). Learn by doing nothing: Emotions & thoughts in meditation. Mindworks Meditation. https://mindworks.org/blog/learn-by-doing-nothing-emotions-and-thoughts-in-meditation/

DiGiulio, S., Millard, E., Migala, J., & Young, A. (k.D.). Self-care: How to do it right now. Everydayhealth.com. https://www.everydayhealth.com/wellness/top-self-care-tips-for-being-stuck-at-home-during-the-coronavirus-pandemic/

Do, A. (25. Dezember 2022). Why it's more important to manage your energy than your time. Any.Do Blog | Productivity Tips & Trends, Delivered; Any.do. https://www.any.do/blog/why-its-more-important-to-manage-your-energy-than-your-time/

Entona, K. (17. Februar 2021). Daily wellness rituals to add to your routine. Country Life Vitamins; Country Life. https://www.countrylifevitamins.com/blog/everyday/daily-wellness-rituals/

GoodRx - error. (k.D.). Goodrx.com. https://www.goodrx.com/health-topic/mental-health/how-can-i-stop-overthinking-everything

Hartney, E., & MSc, M. A. (3. März 2011). 10 cognitive distortions that can cause negative thinking. Verywell Mind. https://www.verywellmind.com/ten-cognitive-distortions-identified-in-cbt-22412

Hill, J. T. (11. Dezember 2019). What is self-worth and how to recognize yours. Lifehack. https://www.lifehack.org/854916/what-is-self-worth

How do you measure your self-worth? (k.D.). Psychology Today. https://www.psychologytoday.com/intl/blog/what-mentally-strong-people-dont-do/201707/how-do-you-measure-your-self-worth

Hubbling, A., Reilly-Spong, M., Kreitzer, M. J., & Gross, C. R. (2014). How mindfulness changed my sleep: focus groups with chronic insomnia patients. BMC Complementary and Alternative Medicine, 14(1), 50. https://doi.org/10.1186/1472-6882-14-50

Intermountain Healthcare. (4. November 2020). What's the difference between worry and anxiety? Intermountainhealthcare.org. https://intermountainhealthcare.org/blogs/whats-the-difference-between-worry-and-anxiety

Jabarin, S. A., Lofgren, E. A., & Sakumoto, S. (2005). Aging and environmental stress cracking of PET, its copolymers and blends: Sections 3.2-3.3. In Handbook of Thermoplastic Polyesters (pp. 1051–1071). Wiley-VCH Verlag GmbH & Co. KGaA.

Kabat-Zinn, J. (20. März 2019). A meditation on observing thoughts, non-judgmentally. Mindful; Mindful Communications & Such PBC. https://www.mindful.org/a-meditation-on-observing-thoughts-non-judgmentally/

Kaiser, B. N., Haroz, E. E., Kohrt, B. A., Bolton, P. A., Bass, J. K., & Hinton, D. E. (2015). "Thinking too much": A systematic review of a common idiom of distress. Social Science & Medicine (1982), 147, 170–183. https://doi.org/10.1016/j.socscimed.2015.10.044

LaCaille, L., Patino-Fernandez, A. M., Monaco, J., Ding, D., Upchurch Sweeney, C. R., Butler, C. D., Soskolne, C. L., Gidron, Y., Gidron, Y., Turner, J. R., Turner, J. R., Butler, J., Burns, M. N., Mohr, D. C., Molton, I., Carroll, D., Critchley, H., Nagai, Y., Baumann, L. C., ... Söderback, I. (2013). Expressive Writing and Health. In Encyclopedia of Behavioral Medicine (pp. 735–741). Springer New York.

Lamothe, C. (15. November 2019). How to stop overthinking: 14 strategies. Healthline. https://www.healthline.com/health/how-to-stop-overthinking

Martin, L. (18. Februar 2021). 10 rock-solid time management strategies to boost your productivity. Time Doctor Blog; Time Doctor. https://www.timedoctor.com/blog/time-management-strategies/

McCallum, K. (k.D.). When overthinking becomes a problem & what you can do about it. Houstonmethodist.org. https://www.houstonmethodist.org/blog/articles/2021/apr/when-overthinking-becomes-a-problem-and-what-you-can-do-about-it/

Murrihy, C. (9. September 2021). The 3 main types of overthinking and how to overcome them. Childline. https://www.childline.ie/the-3-main-types-of-overthinking-and-how-to-overcome-them/

No title. (k.D.). Study.com. https://study.com/learn/lesson/stress-management-overview-benefits.html

Oppong, T. (25. Juli 2019). Stress is a byproduct of overthinking. Ladders. https://www.theladders.com/career-advice/stress-is-a-byproduct-of-overthinking

Our, L. A. (9. September 2020). How to Stop Overthinking. Verywell Mind. https://www.verywellmind.com/how-to-know-when-youre-overthinking-5077069

Overthinking: Definition, causes, & how to stop. (k.D.). The Berkeley Well-Being Institute. https://www.berkeleywellbeing.com/overthinking.html

Overview - Generalised anxiety disorder in adults. (k.D.). Nhs.uk. https://www.nhs.uk/mental-health/conditions/generalised-anxiety-disorder/overview/

Present, P. R. (2. Februar 2021). The psychology behind chronic overthinking – and how to get rid of this toxic habit. International Business Times. https://www.ibtimes.com/psychology-behind-chronic-overthinking-how-get-rid-toxic-habit-3136038

Randles, D., Flett, G. L., Nash, K. A., McGregor, I. D., & Hewitt, P. L. (2010). Dimensions of perfectionism, behavioral inhibition, and rumination. Personality and Individual Differences, 49(2), 83–87. https://doi.org/10.1016/j.paid.2010.03.002

Rao, G. (13. September 2016). What are negative thoughts? Yourdost.com. https://yourdost.com/blog/2016/09/what-are-negative-thoughts.html?q=/blog/2016/09/what-are-negative-thoughts.html&

Raypole, C. (15. März 2019). Physical symptoms of anxiety: What does it feel like? Healthline. https://www.healthline.com/health/physical-symptoms-of-anxiety

Rebecca Joy Stanborough, M. F. A. (4. Februar 2020). Cognitive restructuring: Techniques and examples. Healthline. https://www.healthline.com/health/cognitive-restructuring

Rinpoche, G. (27. September 2018). 20 journaling prompts for working with emotions — life transition coach. Life Transition Coach | Mental + Emotional Wellness Coaching | Yoga Nidra + Meditation Guidance. https://www.kimroberts.co/blog/20-journaling-prompts-for-working-with-emotions

Robinson, L., & Melinda Smith, M. A. (k.D.). Stress management - Helpguide.org. https://www.helpguide.org/articles/stress/stress-management.htm

Santilli, M. (10. März 2023). How to stop overthinking: Causes and ways to cope. Forbes. https://www.forbes.com/health/mind/what-causes-overthinking-and-6-ways-to-stop/

Schimelpfening, N. (26. Januar 2011). What is mindfulness-based cognitive therapy (MBCT)? Verywell Mind. https://www.verywellmind.com/mindfulness-based-cognitive-therapy-1067396

Sharma, S. (20 Juli 2021). Cognitive reframing: Definition, benefits & how cognitive reframing helps in stress management. Calm Sage. https://www.calmsage.com/what-is-cognitive-reframing/

Teut, M., Roesner, E. J., Ortiz, M., Reese, F., Binting, S., Roll, S., Fischer, H. F., Michalsen, A., Willich, S. N., & Brinkhaus, B. (2013). Mindful walking in psychologically distressed individuals: a randomized controlled trial. Evidence-Based Complementary and Alternative Medicine: ECAM, 2013, 489856. https://doi.org/10.1155/2013/489856

The Counseling Teacher. (19. März 2018). 5 ways to reframe negative thoughts. Confident Counselors. https://confidentcounselors.com/2018/03/19/reframe-negative-thoughts/

Therapeutic ways to alter negative thoughts. (k.D.). WebMD. https://www.webmd.com/depression/features/therapy-change-negative-thoughts

Tigar, L. (20 Januar 2021). 20 micro (yet mighty) self-care challenges that make any day better. Real Simple. https://www.realsimple.com/work-life/life-strategies/inspiration-motivation/small-self-care-challenges

Vorkapic, C., Leal, S., Alves, H., Douglas, M., Britto, A., & Dantas, E. H. M. (2021). Born to move: a review on the impact of physical exercise on brain health and the evidence from human controlled trials. Arquivos de Neuro-Psiquiatria, 79(6), 536–550. https://pubmed.ncbi.nlm.nih.gov/34320058/

Walinga, J. (2014). 16.2 stress and coping. In Introduction to Psychology - 1st Canadian Edition. BCcampus.

What are intrusive thoughts? (k.D.). WebMD. https://www.webmd.com/mental-health/intrusive-thoughts

What is cognitive reframing and why do therapists use it? (k.D.). Betterhelp.com. https://www.betterhelp.com/advice/therapy/what-is-cognitive-reframing-and-why-do-therapists-use-it/

What Is Worry? (21. Februar 2023). Psychology Tools. https://www.psychologytools.com/resource/what-is-worry/

Why worrying is unhelpful, and one thing you can do instead. (k.D.). Psychology Today. https://www.psychologytoday.com/us/blog/the-mindful-self-express/201903/why-worrying-is-unhelpful-and-one-thing-you-can-do-instead

Wignall, N. (17. Februar 2021). 7 psychological reasons you overthink everything. Nick Wignall. https://nickwignall.com/7-psychological-reasons-you-overthink-everything/

Wooll, M. (k.D.). 20 stress management techniques: Your guide to stress-management. Betterup.com. https://www.betterup.com/blog/stress-management-techniques

www.ingramcontent.com/pod-product-compliance
Lightning Source LLC
Chambersburg PA
CBHW071020250726
48653CB00005B/1654